스마트팩토리로
경영하라

이 도서의 국립중앙도서관 출판예정도서목록(CIP)은 서지정보유통지원시스템 홈페이지(http:// seoji.nl.go.kr)와 국가자료공동목록시스템(http://www.nl.go.kr/ kolisnet)에서 이용하실 수 있습니다. (CIP2019042496)

스마트팩토리로 경영하라

최두환 지음

SMART FACTORY

허클베리북스

머리말

경영자를 위해 쉽게 쓴 스마트팩토리

4차산업혁명Industry 4.0이 미래 화두가 되면서, 이것을 실제 현장에 적용하여 큰 가치를 만들어낼 수 있는 가장 중요한 영역 중 하나로 스마트팩토리Smart Factory가 주목받고 있다. 스마트팩토리는 우리 산업의 근간인 제조업의 경쟁력을 한 차원 높여줄 수 있는 열쇠이자, 침체해가는 우리 경제에 활력을 불어넣을 수 있는 새로운 패러다임이기 때문이다.

그럼에도 지금까지 스마트팩토리에 대한 많은 논의는 피상적이거나 개념적인 차원에 머물러왔다. 조금 더 논의를 구체화하더라도 학술적인 차원에 그치는 경우가 많았다. 미래를 준비하는 현장의 경영자들은 앞으로 나아가야 할 분명한 지향점이 스마트팩토리에 있음을 인식하면서도, 이것을 어떻게 시작하고 진행해야 할지 현실적인 방법론을 찾기 어려웠다.

경영자들이 스마트팩토리를 어려워하는 데는 여러 이유가 있지만, 그중 하나가 너무 어려운 개념에서부터 스마트팩토리에 다가간다는 것이다. 흔히 스마트팩토리를 논의하면서 '가상 물리 시스템'을 뜻하는 CPS Cyber Physical System 라는 용어를 많이 사용한다. CPS는 스마트팩토리가 앞으로 진화해나아갈 모습의 하나임이 분명하지만, 이것은 IT 관점에서 스마트팩토리를 바라보는 학술적 용어일 뿐이다. 현장의 경영자에게 CPS를 중심으로 스마트팩토리를 논의하자고 하는 건, 마치 중·고등학생에게 물리 공부를 시키면서 박사과정의 양자물리학을 논의하는 것과 같다.

이 책은 이런 어려움을 풀기 위해 현장 경영자 관점에서 그들에게 친숙한 용어로, 스마트팩토리의 개념에서부터 필요한 기술까지 쉽게 설명한다. 여기에 더해 스마트팩토리가 가져다줄 혜택, 현장 중심의 실제적 구현 방법, 경영자가 가져야 할 자세 등을 단계적으로 풀어나간다. 이 책을 읽는 경영자라면 어느 누구든 스마트팩토리와 이것의 바탕이 되는 디지털 전환 Digital Transformation 에 대한 확신을 가질 수 있고, 현장에 맞게 그리고 편하게 스마트팩토리에 다가갈 수 있을 것이라 확신한다.

이 책은 저자가 2014년 포스코 ICT의 대표이사를 맡으면서 갖게 된 현장 경험에서부터 비롯되었다. 포스코 ICT의 CEO로 취임하고 보니, 이 회사가 진행하던 사업의 상당 부분은 구조조정이 필요한 상황이었다. 구조조정은 그나마 쉽게 방향을 잡아갈 수 있었다. 그보다 더 중요하고 어려운 과제는 '구조조정 후의 빈자리를 어떤 새롭게 성장하는 신사업으로 메울 수 있을까?' 하는 것이었다. 다가올 4차산업혁명 시대에서, '회사가 가지고 있는 역량을 살릴 수 있으면서도 앞으로 크게 성장할 수 있는 새로운 사업 영역은 무엇일까?' 고민을 거듭하다 내린 결론이 '스마트팩토리'였다.

스마트팩토리는 CPS 같은 IT 지식만으로 해결되지 않는다. 스마트팩토리를 위해서는 '도메인 지식Domain Knowledge'이라 불리는 전문 산업 분야 지식과 'IT 지식IT Knowledge'이라 불리는 IT 관련 지식 두 가지가 함께 융합되어야 한다. IT 지식도 단순히 시스템 통합System Integration 역량만 필요한 게 아니라 공장 자동화Factory Automation 역량이 함께 필요하다. 그 당시 이런 지식과 역량을 모두 보유한 IT 기업은 세계적으로도 드물었고, 포스코 ICT가 그중 하나였다.

포스코 ICT는 철강 연속공정Continuous Process의 도메인 지식을 보유하고 있었고, 연속공정에서 필요한 IT 솔루션도 축적하고 있었다. 또한 포스코라는 세계 최고의 철강사가 속한 포스코 그룹에서 제조업을 위한 공장 자동화와 시스템 통합을 오랜 기간 수행해왔고, 이를 누구보다 잘 해낼 수 있었다.

스마트팩토리 같은 새로운 기술은 잘 개발한다고 하더라도, 그것을 처음으로 적용해줄 시범 현장Reference Site을 찾기가 어려운데, 다행히 포스코는 4차산업혁명과 스마트팩토리의 중요성을 인식하고 있었다. 제대로 된 스마트팩토리를 개발하기만 하면 사업 성공에 필요한 시범 현장 역시 자체에서 찾을 수 있었다.

스마트팩토리를 신사업으로 진행해나가면서 여러 어려움을 겪었다. 당시는 스마트팩토리라는 새로운 개념이 겨우 나타나기 시작한 시점으로, 세계적으로도 스마트팩토리를 제대로 구현한 사례가 거의 없었다. 따라서 현장에서 이론과 실제를 묶어가면서 하나씩 하나씩 구현해나가야만 했다.

그때 있었던 스마트팩토리에 대한 이론은 CPS와 계층적 구조론 정도였다. 이런 것들은 학술적으로는 옳은 이야기인지는 몰라도, 경영자나 현장 기술자에게는 현장과 너무나 동떨어진 이야기로 들렸다. 세계적인 IT 기업이나 컨설팅 회사와 논의해보아도, 그 대답 또한 그렇고 그런 수준에 머물러 있었다. 이런 수준에서 스마트팩토리를 한답시고 데이터를 쌓고 IT에 투자했다가는 'Smart Factory'가 아니라, 얻는 것 없이 낭비만 하게 되는 'Stupid Factory'가 되어버리지 않을까 두려웠다.

'경영자에게 개념조차 쉽게 설명하지 못하는 스마트팩토리라면 그것이 어떻게 사업으로 이어질 수 있을까?', '현장 기술자가 쉽게 이해하지 못하는 스마트팩토리라면 그것이 어떻게 현장에 적용될 수 있을까?' 이 가장 기본적인 문제에 부닥치면서 스마트팩토리라는 새로운 영역을 전개해나가는 경영자로서 어쩔 수 없이 그 해답을 스스로 찾아나가야만 했다.

저자는 이 과정을 겪으면서 얻은 해답을 그동안 강연이나 기고로 공유해왔다. 여러 산업계로부터 스마트팩토리에 대한 강연 요청을 받아 진행한 강연에서 청중들이 강연 내용에 열중하는 것을 보고, 또 여러 언론으로부터 기고 요청을 받아 쓴 글을 보고 독자들이 그 내용에 크게 반응하는 것을 보면서, 이를 책으로 엮고자 마음먹었다.

이 책의 내용은 저자가 스마트팩토리를 현장에 적용하면서, 경영자를 설득하고 현장을 이해시켜나가며, 부딪히고 설명하고 발전시켜나가면서 현장으로부터 얻은 내용에 그 바탕을 두고 있다. 따라서 표피적이거나 학문적인 내용이 아닌, 경영자가 자기 사업에 스마트팩토리를 적용할지 여부를 판단하는 데 도움을 줄 수 있고, 스마트팩토리를 현장에서 실제 적용하는 데 꼭 필요한 내용을 담았다. 쓸데없이 복잡하지 않게 경영자 수준에서 그들이 꼭 알아야 할 내용 위주로 구성했다.

이 책을 펴낸 목적은 크게 세 가지다. 첫 번째는 이 책을 통해 실제의 스마트팩토리에 목말라하는 현장의 많은 경영자가 조금 더 쉽게 스마트팩토리에 다가가고, 조금 더 편하게 스마트팩토리를 시작할 수 있게 하는 것이다. 두 번째는 단지 스마트팩토리에 머물지 않고, 4차산업혁명 시대에 경영자가 꼭 알아야 할 경영 전반의 '디지털 전환Digital Transformation'에 관한 기본 개념과 이를 맞이하는 자세를 함께 논의하는 것이다. 세 번째는 스마트팩토리를 현장에서 진행하면서 당면했던 기술적 해결책이 미흡한 부분들을 관련 전문가들에게 제대로 알려 그들이 그 해결책을 빨리 연구·개발하도록 돕는 것이다.

이 책을 읽은 경영자가 쉽고 편하게 스마트팩토리를 이해하고, 이를 통해 앞으로 사업 발전의 기틀을 잡고, 나아가 그 사업이 한국 제조업의 르네상스를 위한 동력으로 이어질 수 있길 바라는 마음으로 이 책의 내용을 펼쳐나간다.

2019년 가을

최두환

차례

3장 스마트팩토리 도입 방안

4장 스마트팩토리 현장 적용 사례

1장

스마트팩토리 기본 개념과 디지털 격변

- IT 지각변동
- 스마트한 관찰 능력과 제어 능력
- 스마트의 기본 개념
- 스마트에 융합이 중요한 이유
- 디지털 전환이 기업에 중요한 이유

“

만약 여러분의 기업이 하루아침에 제조 업체에서 소프트웨어 및 데이터 업체로 바뀐다면 어떨까요?

이 시나리오는 지나친 가정이 아닙니다. 이러한 현상은 여러분이 이러한 변화에 대비하고 있는지 아닌지 여부와 관계없이 전 세계 모든 산업의 모든 기업에서 일어나고 있으며, 이를 디지털 격변이라 부릅니다.

(Seemingly overnight, your organization has morphed from a manufacturing company into a software and data company.

This is not a radically hypothetical scenario. It's happening whether or not you're prepared for it, to every enterprise in every industry all over the world – and it's called digital disruption.)

”

세계적으로 유명한 기업 HP가 다음 세대의 기업은 과연 어떤 모습을 가져가야 할까를 논의하면서, 그 성패의 기로에 대해 선언한 말이다. 여기서 말하는 소프트웨어 및 데이터 업체란 소프트웨어와 데이터를 능수능란하게 활용하는 업체를 뜻하며, 디지털 격변Digital Disruption이란 4차산업혁명을 의미한다. 디지털 격변은 디지털 전환Digital Transformation•이라고도 한다.

그런데 이런 용어보다 더 눈여겨봐야 할 것은 선언의 내용이다. 미래에는 어떤 산업의 어떤 기업이라도 소프트웨어와 데이터를 제대로 활용하지 못하면 자연스레 도태된다. 반면 소프트웨어나 데이터를 제대로 활용하는 기업은 4차산업혁명의 물결을 타고 경쟁력을 높여서 지속적인 성장과 고수익을 얻게 된다.

앞으로 소프트웨어와 데이터를 제대로 활용하는 기업과 그렇지 못한 기업 사이의 격차는, 지금 사업에 IT를 활용하고 있는 기업과 그렇지 못하고 수작업에 머물러 있는 기업 사이의 격차보다 더 커질 것이다.

제조 업체가 하루아침에 소프트웨어 및 데이터 업체로 바뀌는 상황에서, 기업 간의 소프트웨어와 데이터 활용에 따른 격

• 다른 표현으로는 Digitalization을 사용하기도 한다. 이때 Digitalization은 흔히 사용하는 Digitization과 혼동하지 말아야 한다. 'Digitization'이란 아날로그에서 디지털로 변환하는 것을 말하고, 'Digitalization'은 새로운 첨단 디지털 기술을 생산, 운영, 마케팅 같은 기업 경영 전반에 적용하는 걸 의미한다.

차가 점점 더 커지는 상황에서, 기업은 어떤 전략을 취해야 할까? 어떻게 소프트웨어나 데이터를 활용해야 하고, 이로부터 어떤 새로운 가치를 창출해야 할까? 이를 살펴보기에 앞서, 그간 발전한 IT의 모습을 먼저 살펴보자.

IT 지각변동

무한 컴퓨팅

조금 난해한 용어이지만, 무한 컴퓨팅Infinite Computing이라는 표현이 뜻하는 것은, 그간 대중의 관점에서 보면 '비싸고 귀하고 중후장대'하던 컴퓨팅 자원이 IT 기술의 발전으로 이제는 엄청나게 '값싸고 풍부하고 경박단소'해졌다는 것을 의미한다. 과거에는 꼭 필요한 경우에 큰 비용을 들여서만 사용할 수 있었던 컴퓨팅 자원을 이제는 누구나 부담 없이 언제 어디서나 사용할 수 있게 되었다.

먼저 하드웨어를 살펴보면 IT 기술에 발전으로 크기와 소비전력이 엄청나게 줄었으며, 그 가격 또한 줄었다. 그럼에도 성능은 상상을 초월할 정도로 좋아졌다.

네트워킹 역시 하드웨어 이상으로 값싸고 빨라졌다. 범용화되는 5G를 이용하면 광대역 저지연 네트워킹 서비스를 언제 어디서든 누구나 값싸게 활용할 수 있다.

무한 컴퓨팅에서 가장 중요한 발전을 이룬 건 소프트웨어다. 빅데이터Big Data와 AIArtificial Intelligence(인공지능)의 발전으로 누구나 전문가에 버금가는 수준의 지능을 소프트웨어를 통하여 값싸고 풍부하게 얻을 수 있다.

그리고 무한 컴퓨팅에 클라우드 컴퓨팅Cloud Computing을 결합하면 그 효용성은 차원이 다르게 높아진다.

무한 컴퓨팅은 기업 경영에도 큰 영향을 미친다. 과거에는 연구·개발R&D이나 ERPEnterprise Resources Planning 등 꼭 필요한 경우에만 값비싼 컴퓨팅 자원을 활용하였고, 대부분의 기업 활동에는 그 활용이 제한적이었다. 하지만 이제 무한 컴퓨팅 덕택으로 컴퓨팅 자원이 기업 경영에 필요하다고 생각하면 언제나 부담 없이 컴퓨팅 자원을 활용할 수 있게 되었다.

무한 컴퓨팅은 4차산업혁명 시대로 접어들면서 한발 더 나아가 기업 경영 구석구석에 영향을 미친다. 생산성을 높이고, 제조 비용을 낮추고, 개발 기간을 줄이고, 다품종 대량생산Mass-Custom Production을 가능하게 한다. 이런 무한 컴퓨팅을 활용하여 그간 알지 못했던 새로운 통찰을 제조 현장에서 찾아내고, 이를 분석하고 활용하여, 제조업에서 새로운 가치를 창출해내는 것이 스마트팩토리Smart Factory이다.

클라우드 컴퓨팅

무한 컴퓨팅으로 컴퓨팅 자원의 활용이 쉽고 저렴해졌지만, 이런 추세를 훨씬 더 앞당기는 기술로 클라우드 컴퓨팅Cloud Computing이 있다. 클라우드 컴퓨팅이란 쉽게 말하면 컴퓨팅 자원 사용을 마치 우리가 전기나 물을 쓰듯이 필요할 때 쉽고 편리하고 저렴하게 사용할 수 있도록 하는 기술이다.

전기나 물은 언제나 연결되어 있고, 필요할 때 전기 스위치를 켜거나 수도꼭지를 열어서 바로 사용할 수 있다. 이를 전문용어로 유틸리티Utility 서비스라고 한다. 최근 IT 기술 발전으로 컴퓨팅 자원도 이처럼 유틸리티 방식으로 사용할 수 있는데, 이를 가능하게 하는 것이 클라우드 컴퓨팅이다.

이제는 IT 기술이 발전하여 집마다 또는 책상마다 초고속 인터넷이 연결되어 있다. 어떤 특정 장소에 고성능 컴퓨팅 자원을 모아두고, 컴퓨팅 자원이 필요한 사용자들에게 그들이 필요로 할 때마다 미리 연결된 초고속 인터넷을 통하여 컴퓨팅 자원을 제공할 수 있게 된 것이다. 이것을 클라우드 컴퓨팅이라고 하는데, 이 방식은 서비스를 제공하는 사람과 제공받는 사람 모두에게 많은 이점을 가져다준다.

먼저 서비스를 제공받는 사람은 필요할 때만 컴퓨팅 자원을 사용할 수 있어 비용을 줄일 수 있다. 이는 하드웨어뿐만 아니라 소프트웨어에도 똑같이 적용된다. 예를 들어 클라우드Cloud

에는 스마트팩토리에 필요한 빅데이터 또는 AI 소프트웨어가 이미 많이 제공되고 있다. 사람들은 필요할 때 이것을 가져다 쓰기만 하면 된다. 그러다가 하드웨어나 소프트웨어 자원이 항시 필요하게 되면, 그때 필요한 자원을 직접 구매하여 사용하면 된다.

클라우드 컴퓨팅은 중소·중견기업이 겪기 쉬운 IT 전문 인력 부족 문제에도 해결책이 된다. 클라우드 컴퓨팅을 사용하면 하드웨어와 소프트웨어의 설치, 유지·보수, 백업, 보안 등의 복잡한 IT 문제를 자체적으로 처리할 필요가 없다. 따라서 IT 전문 인력 부족에 대한 우려를 상당히 덜 수 있다.

스마트팩토리처럼 새로운 IT 기술을 기업 경영에 활용하려고 할 때, 이제는 컴퓨팅 자원 문제를 크게 고민할 필요가 없다. 처음에는 클라우드 컴퓨팅을 활용하여 그 가치를 확인하고, 그 가치가 확연해지면 당분간은 클라우드 컴퓨팅을 활용하고, 항시 필요하게 된다면 그때 가서 필요한 컴퓨팅 자원을 구매하여 사용하면 된다. IT 전문 인력도 그에 맞춰가며 늘리면 된다.

무한 컴퓨팅과 클라우드 컴퓨팅 덕택에 새로운 IT 기술을 활용하는 '디지털 전환'을 이제는 컴퓨팅 자원에 대한 걱정 없이 시도해볼 수 있게 되었다.

클라우드 컴퓨팅은 기존 기업뿐만 아니라 신생 벤처에도 큰 도움을 준다. 대다수 신생 벤처는 초기 자금이 충분하지 못하다. 예전에는 이런 신생 벤처들이 투자받은 자금을 컴퓨팅 자원에 써버리고 난 뒤 운영자금 부족으로 허덕이는 경우가 많았다. 그런데 클라우드 컴퓨팅을 이용하면 이런 자금 부족 문제에서 벗어날 수 있다.

클라우드 컴퓨팅은 서비스를 제공하는 사람에게도 도움을 준다. 그들이 보유한 컴퓨팅 자원의 활용도를 높여주는 것이다. 하나의 자원을 한 기관이 사용할 때는 활용도가 낮지만, 여러 기관이 사용하면 활용도가 높아진다. 이런 이유에서 클라우드 컴퓨팅 서비스를 제공하는 Amazon Web Service[AWS], Microsoft Azure, Google Cloud 등이 차세대 성장 IT 사업으로 주목받고 있다.

하드웨어나 소프트웨어 등의 컴퓨팅 자원을 빌려서 사용하는 형태에 따라 클라우드 서비스는 다음과 같이 세 갈래로 나뉜다.

- IaaS (Infrastructure as a Service): '하드웨어' 자원을 빌려서 사용
- PaaS (Platform as a Service): '하드웨어' + '운영 소프트웨어' 자원을 빌려서 사용
- SaaS (Software as a Service): '하드웨어' + '운영 소프트웨어' + '응용 소프트웨어' 자원까지 빌려서 사용

이 차이를 쉽게 이해하려면 PC를 생각하면 된다. PC 하드웨어만 빌려 쓰고 나머지 운영 시스템Operating System(OS)과 응용 프로그램을 자체적으로 구매하면 IaaS의 모습이다. Window 같은 운영 시스템까지 장착된 PC를 빌려 쓰고 나머지 응용 프로그램을 자체적으로 구매하면 PaaS의 모습이다. 하드웨어와 운영 시스템 및 응용 프로그램까지 모두 장착된 PC를 빌려 쓰면 SaaS의 모습이다.

스마트팩토리에 클라우드 컴퓨팅을 활용하는 경우, 처음에는 SaaS 형태로 시작하여, 스마트팩토리의 효과가 나타날수록 점차 PaaS, IaaS로 옮아가는 것이 효율적이다. 최근에는 스마트팩토리를 위한 빅데이터 분석 소프트웨어와 AI의 한 분야인 머신러닝Machine Learning* 소프트웨어까지 클라우드에서 SaaS 형태로 빌려서 쓸 수 있다. 이런 클라우드 서비스를 BDaaSBig Data as a Service와 MLaaSMachine Learning as a Service라고 부르며, 이런 서비스를 통칭하여 XaaS라 한다.

UI (User Interface)

과거 컴퓨팅 자원이 비싸고 귀할 때는 이를 얼마나 효과적으로 활용하는가를 제일 중요하게 여겼다. 그래서 그때는 주

---

* 기계 학습이라는 뜻의 머신러닝을 제조업을 예로 들어 설명하면, 사람이 설비를 제어하는 데이터를 AI가 보고 배워서, 마치 사람이 제어하듯 AI가 설비를 제어하거나 그 이상의 성능을 발휘할 수 있도록 AI를 학습시키는 것을 말한다.

로 컴퓨터의 처리 속도를 따졌고, 그 속도를 높여서 활용하는 기술을 중요시했다. 그것이 컴퓨팅 비용을 줄이는 관건이기 때문이었다. 하지만 무한 컴퓨팅 시대에서는 다른 관점을 가져야 한다. 컴퓨터의 처리 속도보다 UI[User Interface](사용자 인터페이스)가 더 중요한 세상이 되었기 때문이다.

이것은 과거와 현재의 PC 운영 시스템을 살펴보면 쉽게 이해할 수 있다. 지금은 PC 운영 시스템으로 Window를 쓰고 있다. 그런데 초기 PC 운영 시스템은 DOS였다. 지금 사용하는 Window에서는 스크린에서 아이콘을 보고 마우스를 클릭하는 직관적 형태로 컴퓨터를 동작시키지만, 과거에 사용했던 DOS에서는 사람이 일일이 컴퓨터 동작 명령어를 문장으로 입력했다. DOS는 같은 명령을 처리함에 있어서 Window보다 훨씬 적은 컴퓨팅 자원이 필요하다. 하지만 PC 성능이 좋아져서 직관적이고 편리한 Window가 개발된 뒤로는 누구도 불편한 DOS를 사용하지 않는다.

그 이유는 쉬운 UI가 컴퓨팅 자원의 절약보다 사람에게 훨씬 중요하기 때문이다. 무한 컴퓨팅 시대에는 더욱더 그렇다. 컴퓨팅 자원의 절약보다는 쉬운 UI를 통하여 사람들이 이해하고 사용하기 쉽게 IT 기술을 표현할 수 있어야 한다.

4차산업혁명이나 스마트팩토리처럼 첨단 IT 기술을 활용하는 경우 UI의 중요성은 더욱 커진다. UI를 신경 쓰지 않으면 사람들은 IT 기술의 난해성에 눌려, 제품이나 프로그램을 제대로 활용하지 못하거나 비효율적으로 활용하게 된다. 무한 컴퓨팅 시대에는 UI를 쉽게 하는 데 컴퓨팅 자원을 아낄 필요가 전혀 없다. 4차산업혁명 시대에 UI를 쉽게 하는 데 컴퓨팅 자원을 아끼려 한다면, 이는 디지털 격변의 물결을 제대로 타고 있지 못하는 것이다.

스마트한 관찰 능력과 제어 능력

경영의 대가 피터 드러커Peter Drucker는 경영에 대해 다음과 같이 이야기하였다.

> 측정할 수 없으면 관리할 수 없다.
> 관리할 수 없으면 개선할 수 없다.
> (If you can't measure it, you can't manage it.
> If you can't manage it, you can't improve it.)

경영을 이야기할 때 회계가 어떻고, 전략이 어떻고, 영업이 어떻고, 기술이 어떻고, 인력 관리가 어떻고 이야기를 많이 한다. 그런데 회계도 기술도 영업도 모두 회사가 먼저 그것이 어떻게 돌아가고 있는지 파악한 뒤에야 개선할 수 있다. 따라서 경영의 본질은 회사가 돌아가는 흐름을 잘 보고 잘 관찰하여 잘 측정하는 데 있다. 이것이 선행되어야 무엇을 어떻게 관리해야 할지 알게 되고, 경영의 개선으로도 이어질 수 있다.

우리는 흔히 경영의 효율을 마른 수건에 비유하곤 한다. 임직원들은 수건이 말라서 더 짤 게 없다고 하고, 경영자는 마른 수건도 더 짜라고 한다. 그러면 임직원은 마른 수건을 더 짜오곤 한다. 어떻게 마른 수건을 더 짜낸 수가 있을까? 그것은 제대로 보지 못할 때는 마른 수건이던 것이, 제대로 보기 시작하면 젖은 수건이 되기 때문이다.

결국 회사가 돌아가는 내용을 잘 관찰할 수 없으면 경영의 개선도 없다. 노벨 경제학상을 수상한 경제심리학자 대니얼 카너먼Daniel Kahneman은 이를 두고 다음과 같이 표현했다.

> 당신에게 보이는 것이 전부이다.
> (What You See Is All There Is.)

여기에서 보는 행위 그 자체보다 중요한 것은 본다고 하더라도, 얼마나 잘 보는가이다. 제대로 보지 못하면 못 보는 것과 다름없다. 그래서 경영의 개선이란 경영자가 가진 관찰 능력Observability만큼, 경영자에게 제어 능력Controllability이 생기게 되는 것이다.

관찰 능력과 제어 능력이라는 용어는 원래 공학에서 쓰이는 용어이다. 어떤 대상을 하나의 블랙박스Black box로 볼 때, 그 대상의 동작을 제대로 파악할 수 있는 관찰 능력과 그 대상을 원하는 대로 동작시키는 제어 능력을 일컫는다.

경영을 잘하기 위해서는 먼저 경영 대상에 대한 관찰 능력이 있어야 한다. 관찰 능력을 얻으면 그때는 그 대상을 제대로 제어할 수 있는 제어 능력을 찾아나갈 수 있다. 부연하면, 관찰 능력이란 회사 구석구석에서 일어나는 제반 문제와 상황을 분명하고 일목요연하게 관찰할 수 있는 능력을 일컫고, 제어 능력이란 관찰 능력을 바탕으로 파악한 회사의 문제와 상황을 원하는 방향으로 풀어나갈 수 있는 능력을 말한다.

이런 관찰 능력과 제어 능력에 첨단 IT 기술인 IoTInternet of Things(사물인터넷), 빅데이터, AI 등을 활용하여 그 수준을 한 차원 스마트하게 높이는 것이 스마트한 관찰 능력과 제어 능력Smart Observability and Controllability(SO&C)이다. 이는 첨단 IT 기술을 경영에 도입하는 4차산업혁명 시대의 새로운 경영 패러다임이 된다.

스마트의 기본 개념

4차산업혁명에서 이야기하는 '스마트Smart' 또는 '디지털 전환Digital Transformation'*의 기본 개념은 경영 대상에 대한 스마트한 관찰 능력과 제어 능력을 갖추는 것이다. 이런 스마트한 관찰 능력과 제어 능력이 공장Factory에 도입되어 활용되면 스마트팩토리이고, 도시City에 도입되어 활용되면 스마트 시티이고, 일반 경영Management에 도입되어 활용되면 스마트 경영이다. 이렇듯 스마트한 관찰 능력과 제어 능력을 적용하여 디지털 전환을 이룰 수 있는 분야는 수없이 많다.

'스마트한 관찰 능력과 제어 능력SO&C'을 한 단계 깊이 파고들면 관찰, 분석, 제어의 세 가지 과정으로 나눌 수 있다.

- **관찰**: 제반 문제나 상황을 먼저 잘 관찰한다.
- **분석**: 관찰한 것들을 잘 분석한다.
- **제어**: 분석 결과에 따라 그 대상을 잘 제어한다.

표 1-1처럼 이 세 가지 과정을 기술 용어로 표현하면, 관찰은 'Sensing'이고, 분석은 'Analysis'이고, 제어는 'Control'이다. 이 과정을 스마트하게 수행하기 위하여 첨단 IT 기술이 필요하다. 이런 첨단 IT 기술이 활용된 각 과정을 IT 용어로 표현하면, 관찰Sensing은 'IoT'가 되고, 분석Analysis은 'Big Data'가 되고, 제어Control는 'AI'가 된다.

IoT란 살펴보아야 할 문제나 상황들을 관찰하여 데이터로

- 굳이 구별하면 디지털 전환(Digital Transformation)이란 4차산업혁명으로 바뀌는 상황을 말하고, 스마트(Smart)란 이로부터 얻어지는 상황을 말한다. 이 책에서는 둘을 같은 의미로, 문맥에 맞게 선택하여 사용한다.

표 1-1 스마트의 기본 개념

스마트 능력	기술 용어	IT 용어	경영 용어
관찰	Sensing	IoT	Connected
		↓	
분석	Analysis	Big Data	Data-driven
		↓	
제어	Control	AI	Intelligent

만들어, 이를 네트워크를 통해 한곳으로 모아서, 잘 Sensing할 수 있게 하는 것이다. Analysis란 이렇게 모인 데이터를 분석하여 그것으로부터 통찰Insight을 얻는 것이고, 이를 위한 최첨단 IT 기술의 대명사가 빅데이터이다. 데이터를 통해 통찰을 얻으면, 이에 따라 그 대상을 어떻게 지능적으로 Control해야 할 것인가에 대한 방법론이 필요하다. 이를 위한 현존하는 최상의 방법론이 AI이다.

이 과정을 경영 용어로 표현하면 관찰과 IoT는 'Connected', 분석과 Big Data는 'Data-driven', 제어와 AI는 'Intelligent'가 된다. IoT를 'Connected'로 표현하는 이유는 모든 Sensing된 데이터를 한곳으로 연결하고 모아서 잘 관찰할 수 있게 한다는 의미이다. 빅데이터를 'Data-driven'으로 표현하는 이유는 모든 Analysis가 데이터에 기반을 두고 이루어진다는 의미이다. AI를 'Intelligent'로 표현하는 이유는 인공지능을 활용하여 마치 뛰어난 지능을 가진 사람처럼 원하는 대로 Control할 수 있다는 의미이다. 뒤에서 설명하겠지만, 이렇게 데이터를 모아서 관찰하고, 분석하고, 제어하는 구심점 역할을 하는 기능을 플랫폼Platform이라 한다.

스마트 또는 디지털 전환의 기본 개념은 첨단 IT 기술을 기업 경영 전반에 활용해 스마트한 관찰 능력과 제어 능력SO&C을 얻는 것이다. 이 과정을 다시 한번 요약하면 다음과 같다.

1. IoT를 활용하여 기업 구석구석에서 일어나는 제반 문제와 상황을 일목요연하게 데이터로 관찰한다.
2. 수집된 데이터를 빅데이터로 분석하여, 그간 제대로 보지 못했거나 알지 못했던 새로운 통찰(Insight)을 얻는다.
3. 얻어진 통찰로부터 기업 구석구석의 제반 문제와 상황을 원하는 방향으로 제어할 수 있는 최적의 방안을 AI로 구현한다.

디지털 전환의 가능성과 비전Vision을 잘 표현한 인문학적 명구가 있다. 『비전의 힘(The Principles and Power of Vision)』의 저자 마일스 먼로Myles Munroe 목사가 '비전'을 정의한 구절이다.

그간 일어는 났었지만 잘 알지 못하던 것으로부터
새로운 통찰을 얻어서 앞날을 지혜롭게 준비한다.
(Foresight with Insight based on Hindsight.)

4차산업혁명으로 나아갈 스마트의 기본 개념을 잘 표현하는 인문학적 구절이다.

스마트에 융합이 중요한 이유

기업 경영에 IoT, 빅데이터, AI 등의 첨단 IT 기술을 적용한다고 해서, 기업에 필요한 디지털 전환이 저절로 이루어지는 것은 아니다. 디지털 전환을 하려면 특히 중요하게 생각해야 하는 것이 바로 융합Convergence이다.

여기에서 융합이란 디지털 전환의 적용 대상인 전문 분야와 첨단 IT 기술의 융합이다. 참고로, 그런 전문 분야를 기술 용어로 도메인Domain이라 부른다. 예를 들면 철강 업체는 철강이 도메인이고, 건설 업체는 건설이 도메인이고, 패션 업체는 패션이 도메인이다. 성공적인 디지털 전환을 위해서는 그림 1-1처럼 해당 전문 분야인 도메인 지식Domain Knowledge과 첨단 IT 지식IT Knowledge의 융합이 필요하다.

이때 융합의 주연은 도메인이고, IT는 조연 역할을 해야 한다. 그런데 현장에서는 주연과 조연이 바뀐 경우가 허다하다. 디지털 전환이란 개념이 IT 영역에서 시작되었고, 이에 근간이 되는 첨단 IT 기술도 IT 전문가들이 더 잘 알고 있다. 이 때문에 기업이 디지털 전환 개념을 처음 잡기 시작할 때 IT 전문

그림 1-1 디지털 전환에 필수 불가결한 도메인과 IT의 융합

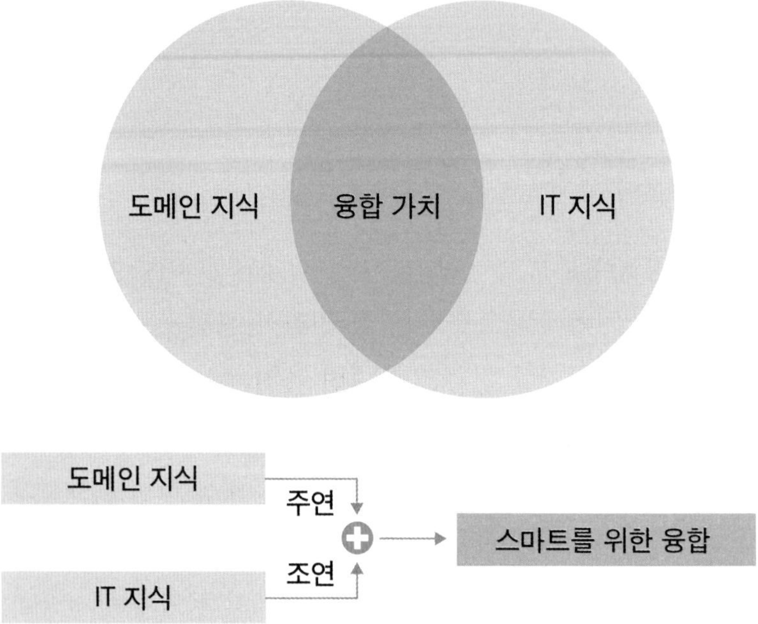

가의 목소리가 커져서 IT 전문가들이 주연 역할을 고집하고 도메인 전문가들은 조연 역할로 밀려나는 경우가 흔하다.

그런데 이런 모습은 상당한 문제를 낳는다. 도메인에 대한 구체적 지식과 목표 없이 IT 기술 위주로 형식에 치우친 디지털 전환이 진행되는가 하면, 도메인 전문가들이 점차 디지털 전환에 관심을 잃게 되기도 한다. 심하면 도메인 전문가들이 디지털 전환을 암묵적으로 반대하게 만들기도 한다.

해당 전문 분야인 도메인에 대한 지식이 부족한 채로 그냥 IT 기술로만 디지털 전환을 하려 드는 것은 주연과 조연의 역

할이 바뀐 것과 다름없다. 마치 화려하지만 몸에 맞지 않아 도리어 불편한 옷을 사람에게 입히는 꼴과 같다. 원하는 목적을 이루기는커녕, 디지털 전환에 대한 막연한 반대나 무용론을 불러일으켜, 비용은 높이고 효율은 떨어뜨리는 결과를 낳는다. 사람에게 맞춤옷을 만들 듯이, 허울만 화려한 것이 아닌 꼭 필요한 가치를 도메인 지식을 활용하여 찾아내도록 하고, 이를 지원하는 역할을 IT 기술이 담당하도록 해야 한다.

도메인과 IT가 함께 융합하여 진행해나갈 디지털 전환의 중요 과정은 다음과 같다.

1. IT만으로 생각하는 개념적 가치가 아니라, IT와 도메인의 융합으로 현장에 의미 있는 실질적 가치를 어떻게 추구할까?
2. 그 융합으로 추구할 가치가 도출되었다면, 이 가치를 얻어낼 구체적인 방법론은 무엇일까?
3. 어떻게 하면 그 방법론을 첨단 IT 기술을 활용하여 효율적으로 구현할 수 있을까?

디지털 전환에는 도메인 지식과 IT 지식의 융합이 필수지만, 이 두 가지 지식은 성격이 조금 다르다. IT 지식은 적용되는 전문 분야가 어디든 대부분 유사하다. 이는 센서Sensor, IoT, 빅데이터, AI, 플랫폼, 네트워킹, 데이터 시각화Data Visualization 등의 기술로 대변되며, 한 전문 분야에 쓰인 IT 기술은 조금만 수정해서 다른 전문 분야에 활용이 가능하다.

반면 도메인 지식은 그렇지 않다. 도메인 지식은 대상 전문 분야에 따라 각각 다르다. 철강 전문 지식은 건설에 도움이 되지 않고, 건설 전문 지식은 패션에 도움이 되지 않는다.

디지털 전환에 성공하려면 물론 IT 기술도 중요하다. 하지만 그것은 방법론이고, 그 성공의 본질은 도메인과 IT 지식을 융합하여 새로운 가치를 찾아내는 데 있음을 기억해야 한다.

디지털 전환이 중요한 이유

디지털 전환을 하고자 하는 이유가 이것이 단지 새로운 추세이기 때문이어서는 안 된다. 디지털 전환을 하는 가장 기본적인 이유는 새로운 가치Value를 창출해내기 위해서다. 여기서 말하는 가치란 추상명사로서의 가치가 아니다. 현실적·실제적·구체적 구상명사로서의 가치여야 한다. 예를 들면, 생산성 향상, 원가 절감, 비용 절감 등의 '구체적 가치'• 여야 하고, 그 가치가 재무적으로 쉽게 표현된다면 더욱 좋다.

물론 추상적 가치가 디지털 전환에 중요하지 않다는 것은

• 이런 의미에서 디지털 전환을 앞서 시작한 GE에서는 'Value'라는 표현 대신에 구체적인 산출물이란 의미의 'Outcome'이란 표현을 사용하였다. 이런 노력에도 불구하고 GE의 디지털 전환은 중간 과정에 조금 추상적으로 변하면서 어려움을 겪게 되었다. 타산지석으로 삼아야 할 내용이다.

아니다. 예를 들면 신사업 기회, 고객 충성도 등도 디지털 전환으로 얻어진다. 하지만 디지털 전환 초기에 이런 추상적인 가치에 집중하다 보면 관념적으로 빠지기 쉽고 투자 대비 효과를 가늠하기 힘들다. 이렇게 되면 디지털 전환이 계속 힘을 받기 어렵다.

디지털 전환의 중요성은 이를 성공적으로 수행하면 할수록 그 효과가 증폭되어 나타난다는 데 있다. 이른바 '양의 피드백 Positive Feedback' 효과로, 갈수록 그 효과가 더 커지는 것이다. 예를 들어, 디지털 전환으로 어떤 한 시점까지의 데이터를 바탕으로 AI를 활용하여 생산성 향상을 이루었다고 가정하자. 이러한 성공적인 디지털 전환은 그 한 시점의 생산성 향상에 머물지 않고, 시간이 지나고 데이터가 쌓여가면서 더 큰 생산성 향상을 가져온다.

결국 디지털 전환에 성공한 기업과 그렇지 못한 기업 사이의 격차는 어느 한 시점의 고정적 격차에 머물지 않고, 시간이 지나면서 더욱 벌어지게 된다. 그 격차가 처음에는 미미하더라도 나중에는 메울 수 없는 격차가 된다. 이 격차를 '디지털 전환에 따른 격차', 영어로는 'Digital Transformation Divide' 또는 'Digitalization Divide'라 부른다. 이 격차는 갈수록 더 커진다는 데 그 위험성이 있다.

4차산업혁명 시대에서 살아남기 위해서는 이런 디지털 전환에 따른 격차에서 앞서는 기업이 되어야 한다. 이에 뒤떨어지면 머잖아 도태되어 기업의 생사조차 불분명해진다. 디지털 전환에 따른 격차는 모든 기업을 디지털 포식자Digital Predator 또는 디지털 먹잇감Digital Prey 둘 중 하나가 되게 한다.* 당신은 어느 편에 서고 싶은가?

---

* "Digital Predator or Digital Prey?" *Forrester Research* (2015).

2장

스마트팩토리에 필요한 첨단 IT 기술

- 관찰과 IOT
- 디지털 트윈
- 분석과 빅데이터
- 제어와 AI
- AI와 빅데이터의 통합
- 지식 베이스 (Knowledge Base)
- 스마트팩토리 플랫폼
- UI/UX (User Interface/User Experience)
- 보안 (Security)

앞 장에서 설명한 '스마트의 기본 개념'을 이루는 첨단 IT 기술은 관찰Sensing을 위한 IoT, 분석Analysis을 위한 빅데이터, 제어Control를 위한 AI 등이다.

이 장에서는 스마트팩토리에 필요한 이런 첨단 IT 기술에 대하여, 현장 경영자로서 꼭 알아야 할 중요한 내용을 간추려 설명한다.

관찰과 IoT

스마트팩토리에서 IoT는 설비나 현장의 현상을 감지하고 Sensing하는 역할을 한다. 그리고 이를 데이터로 만들어 한 곳으로 모은 뒤 모든 데이터를 쉽게 관찰할 수 있도록 한다.* 여기서는 현장에서 어떤 현상이 중요한지 파악하고, 그것을 어떤 형태의 데이터로 만들어 어떻게 수집하는지가 중요하다.

따라서 도메인 지식으로부터 어떤 현상을 감지할 것인지를 결정하는 일이 선행되어야 한다. 현상을 센서Sensor로 감지하여 데이터가 얻어졌다면, 그다음에는 어떤 데이터가 어떤 현상을 나타내는지를 제대로 정의해야 한다. 이렇게 제대로 정의가 되어 있어야 데이터 분석을 통해 현장에서 일어나는 물

* IoT 기술 발전으로 최근에는 입력 역할인 Sensing에 더하여 출력 역할인 제어 신호 전달까지 IoT를 통해 이루어진다. 점차 이런 입출력 창구 역할로 IoT가 전개될 것이다.

리적 현상을 정확히 이해할 수 있다.

이때 어떤 센서를 사용하고 어떻게 데이터를 전송하는지는 경영자 입장에서 그렇게 중요하지 않다. 그것은 IT 전문가에게 쉽게 위임할 수 있는 사항이다. 경영자에게는 수집된 데이터로부터 현장의 어떤 물리적 현상을 파악할 수 있는지, 그 상관관계를 정확히 이해하는 게 더 중요하다.

현장의 실상을 살펴보면, 오래된 공장에는 센서로 수집된 데이터가 없는 경우가 많다. 이럴 때는 먼저 어떤 현상이 중요한 현상인지를 결정하고, 가장 중요한 현상 몇 가지를 선정하여, 그것들을 센서를 활용하여 데이터로 수집하는 일부터 시작해야 한다.

이 경우 처음부터 너무 많은 현상을 데이터로 수집할 욕심을 낼 필요는 없다. 중요한 것은, 현장이 보유한 도메인 지식을 활용하여 제대로 분석해낼 수 있는 데이터를 수집하는 것이다. 필요 이상으로 많은 종류의 데이터를 수집하는 건 너무 많은 음식을 담아와 다 먹지 못하고 버리는 것과 같다.

한편, 최근에 설비를 갖춘 공장은 대부분의 설비에 중요한 현상을 감지하는 센서가 이미 내장된 경우가 많아서 따로 센서를 장착할 필요가 없다. 이 경우, 설비가 제공하는 데이터를 그대로 활용하면 된다. 설비가 이미 제공하는 데이터 이외에 다른 현상을 파악할 필요가 있다면 그런 현상을 감지할 센서를 추가로 장착하면 된다.

현장 데이터 상황과 데이터 청소

최근에 설비를 갖춘 공장이라도 데이터 수집 실태를 살펴보면 짚고 넘어가야 할 사항이 여럿 보인다. 들여온 설비에 이미 센서들이 장착되어 있어서 중요 데이터들을 쉽게 얻을 수 있는 상황이지만, 대다수 기업에서는 그런 데이터들의 존재조차 모르고 있다. 혹시 알고 있더라도 그런 데이터를 활용해본 적이 없어, 체계적인 형태로 수집하거나 저장하지 못하고 있다.

현장에서 사용하지 않는 대부분의 이런 데이터에는 여러 종류의 왜곡Distortion이 끼어 있다. 이런 데이터를 사용하려면 먼저 그 속에 끼어 있는 왜곡을 제거하는 데이터 청소Data Cleaning 작업부터 해야 한다.

데이터 청소는 먼저 두 가지 방법으로 진행된다.

- 데이터에 끼어 있는 잡음(Noise)을 없애는 잡음 제거(Noise Elimination)
- 데이터의 정확한 발생 시간을 기록하는 시간 기록(Time Stamping)*

---

* 시간 기록(Time Stamping)이라고 해서 꼭 시간을 기준으로 할 필요는 없다. 데이터 활용에 기본이 되는 기준을 표시할 수 있으면 된다. 예를 들어 포스코는 철강 제품의 길이에 따라 생산 시점, 설비, 환경 등의 데이터를 기록하였다. 철강 생산에 편리한 이 방식은 포스코 스마트팩토리 특허로 등록되어 있다.

그 다음, 수집한 데이터를 미리 정한 규격에 따라서 체계적으로 분류하고Categorizing, 표준화하고Standardizing, 이름 붙이고Labelling, 저장한다Storing.

이를 네 단계로 요약하면 다음과 같다.

1. 도메인 지식으로부터 어떤 데이터를 모을지 결정한다.
2. 설비에 이런 데이터를 수집하는 센서가 미리 장착되어 있다면, 수집된 데이터에 필요한 데이터 청소를 한다.
3. 센서가 장착되어 있지 않다면, 필요한 데이터를 수집할 센서를 추가로 장착한다.
4. 수집한 데이터를 규격에 따라 분류하고, 표준화하고, 이름을 붙이고, 저장한다.

이 과정에서 센서 장착이나 데이터의 전달은 경영자가 크게 신경 쓸 필요 없이 IT 전문가에게 맡기면 된다.

디지털 트윈 (Digital Twin)

디지털 트윈Digital Twin(디지털 쌍둥이)이란 현장의 물리적 설비를 컴퓨터 속에서 가상적으로 시뮬레이션Simulation해 놓은 것을 의미한다. 따라서 그 구체적 시뮬레이션 정도에 따라 디지털 트윈의 수준은 천차만별이다.

가장 단순하게는 어떤 설비에 대한 입력 신호와 출력 신호 사이의 관계를 한 뭉치의 인과관계 수식으로 간단히 시뮬레이션한 수준이 있다. 복잡하게는 설비에 포함된 단위 부품을 먼저 각각 시뮬레이션하고, 그것들을 서로 연결하여 다음 단계 중간 부품을 시뮬레이션한다. 그렇게 점점 더 큰 부품의 시뮬레이션으로 구성해나가서, 최종 설비까지 시뮬레이션해나가는 매우 복잡한 수준의 디지털 트윈까지 있다.

전자의 단순한 디지털 트윈은 기업이 오래된 설비에 대하여 초보 단계의 디지털 전환을 적용하는 경우에 주로 사용한다. 후자의 복잡한 디지털 트윈은 설비 제조 업체가 설비를 설계, 제작, 유지·보수할 때 주로 사용한다. 물론 디지털 전환의 수준을 높여가기 위하여 점점 더 복잡한 디지털 트윈으로 옮겨갈 필요가 있겠지만, 처음부터 굳이 과하게 복잡한 디지털 트윈을 사용할 필요는 없다. 그 수준은 디지털 전환을 진행해나가면서 높아지는 요구에 따라 점차 높여가면 된다.

현장에서의 '단위 설비 디지털 트윈'과 '공정 디지털 트윈'과 '공장 디지털 트윈' 사이의 관계를 간단히 개념적으로 설명하면 그림 2-1과 같다.

공장 현장을 보면, 단위 설비들이 모여서 어떤 공정을 이루고 그런 공정들이 모여서 공장이 되듯이 이러한 관계는 디지

그림 2-1 단위 설비 디지털 트윈, 공정 디지털 트윈, 공장 디지털 트윈

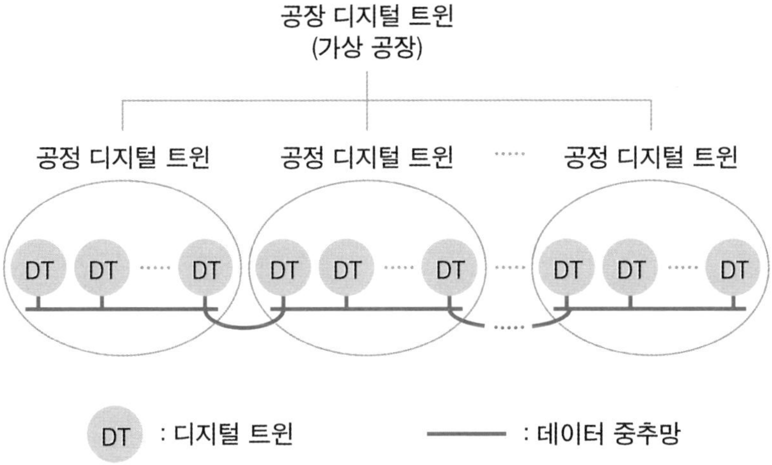

털 트윈에서도 마찬가지이다. 단위 설비의 디지털 트윈들이 모여서 공정의 디지털 트윈이 되고 공정의 디지털 트윈들이 모여서 공장의 디지털 트윈이 된다. 이러한 공장 전체의 디지털 트윈을 가상 공장Virtual Factory• 이라고 부른다.

데이터 중추망과 가상 데이터베이스

실제 물리적 공장에서는 단위 설비들의 연결과 공정들의 연결이 설비와 공정에서 생산된 중간 생산물로 이루어지지만,

• 가상공장이 완성되면 공장 전체가 컴퓨터상에서 시뮬레이션된다. 그러면 마치 실제 공장을 운영하는 것처럼, 컴퓨터상에서 제반 공장을 운영해볼 수 있다. 좋은 개념이지만, 그 구현을 한꺼번에 하려면 큰 자원과 비용이 소요된다.

가상 공장에서는 그것들이 데이터로 연결된다. 실제 공장의 중간 생산물 역할을 가상 공장에서는 데이터가 하는 것이다. 디지털 트윈과 가상 공장이 제대로 역할을 하려면 이런 데이터가 구조적으로 하나로 잘 연결되어야 한다.

그림 2-1을 보면 이런 데이터의 연결이 아래에 굵은 선으로 표현되어 있는데, 이를 데이터 중추망Data Backbone• 이라고 한다. 이 데이터 중추망을 통하여 어떤 설비의 센서로부터 얻어진 어떤 데이터라도 쉽고 편하게 스마트팩토리를 관장하는 두뇌인 스마트팩토리 플랫폼으로 연결되게 된다.

IT 관점에서 또 중요한 것이 각 데이터가 저장되는 데이터베이스이다. 물리적으로 데이터는 필요에 따라 각 설비에 저장되기도 하고, 공정 단위로 저장되기도 하고, 공장 전체로 저장되기도 한다. 실시간으로 필요한 데이터는 주로 설비에 저장되고, 그럴 필요가 없는 데이터는 대부분 공장 전체로 모여 저장된다. 하지만 스마트팩토리를 이용하는 현장 기술자는 그 데이터들이 실제 어디에 저장되어 있든지 구애받지 않고 쉽게 불러 사용할 수 있길 원한다.

이때 사용하는 기술이 가상 데이터베이스Virtual Database이다. 이 기술은 마치 모든 데이터가 스마트팩토리 플랫폼 한곳에

• 디지털 중추망이라는 의미에서 Digital Thread라 부르기도 한다.

저장된 것으로 보이게 하여, 단순히 스크린에 마우스 클릭을 하는 것만으로 원하는 데이터를 쉽게 선택하여 사용할 수 있게 한다.

이 기술을 사용하면 사용자는 데이터가 실제 어디에 저장되어 있는지 모르더라도 원하는 데이터를 언제 어디서나 쉽게 선택하여 사용할 수 있다. 스마트팩토리를 도입하는 경영자는 데이터 중추망과 가상 데이터베이스 기술의 중요성을 알고, 이것에 대한 요구 사항을 IT 전문가에게 전달해야 한다.

신규 설비 디지털 트윈과 기존 설비 디지털 트윈

공장에 새롭게 들어오는 신규 설비에 대한 디지털 트윈은 앞으로는 설비 제조 업체가 미리 만들어 제공할 것이다. 물론 필요한 센서들도 미리 장착해둘 것이다. 따라서 현장에서 이런 신규 설비•에 대한 디지털 트윈을 어떻게 만들까 고민할 필요가 없다. 이 경우 경영자가 고려해야 할 사항은 다음 세 가지이다.

첫째, 설비 제조 업체에 미리 설비 개선 약속을 받아두는 것이다. 디지털 트윈에 대한 국제 표준화 수준이 아직 미흡해서

• 기술 용어로 신규 설비를 Green-field 설비, 기존 설비를 Brown-field 설비라고 한다.

한 제조 업체 설비의 디지털 트윈과 다른 제조 업체 설비의 디지털 트윈이 잘 호환되지 않는 경우가 흔하다. 이 때문에 추후 표준이 정립되면 이에 맞추어 설비를 개선해주겠다는 약속을 설비 제조 업체로부터 미리 받아둘 필요가 있다.

둘째, 적정한 수준의 디지털 트윈을 설정하는 일이다. 디지털 트윈은 간단한 수준에서 복잡한 수준까지 천차만별이다. 따라서 어느 수준의 디지털 트윈을 원하는지 도메인 전문가와 상의하여 그 수준을 정해야 한다. 너무 간단한 수준의 디지털 트윈은 스마트팩토리의 수준을 높여가는 데 한계가 있다. 반면, 너무 복잡한 수준의 디지털 트윈은 해당 설비를 제조할 때에는 필요할지 몰라도, 설비를 사용하는 입장에서는 필요하지 않을 수 있다. 적정한 수준이란 설비 운용자가 스마트팩토리 운용을 위해 충분히 데이터를 수집하고 분석하고 제어할 수 있는 수준의 디지털 트윈을 말한다. 이때 그 상세한 규격은 도메인 전문가와 IT 전문가가 함께 결정하여야 한다.

셋째, 설비로부터 얻어지는 데이터에 대한 권리를 갖는 것이다. 어쩌면 이것이 가장 중요한 일일 수도 있다. 스마트팩토리가 대두되기 전까지는 기업들이 데이터에 대한 중요성을 인식하지 못하고 있었다. 설비에서 얻어지는 데이터는 대부분 설비 제조 업체에서 가져갔다. 대개의 기업은 그 데이터에 대한 권리를 주장하지 않았다. 설비 제조 업체에서는 이렇게 모인 데이터들을 활용해서 설비를 유지·보수하고 개선하는 데 활용해왔다. 하지만 스마트팩토리는 이런 데이터로부터 통찰을 얻는 것이므로 기업은 반드시 설비로부터 얻어지는 데이터에 대한 권리를 가져야 한다.

현장에서 오래전부터 운용되어왔던 기존 설비에 대한 디지털 트윈은 설비 제조 업체가 제공해줄 수 없으므로, 이를 운용하는 도메인 전문가가 IT 전문가와 모여 직접 만들 수밖에 없다. 이 경우 복잡한 수준의 디지털 트윈은 의미도 없고 만들기도 어렵다. 현장에서 필요한 운용 수준의 디지털 트윈을 만들면 된다. 따라서 처음에는 기존 설비의 입출력 데이터와 제어 데이터, 동작 상태 데이터 등을 아우르는 운용 모델의 디지털 트윈을 만드는 것에서부터 시작하는 게 좋다. 이후 점차 더 복잡한 디지털 트윈이 필요해지면 그때 조금씩 수준을 높여나가는 것이 바람직하다.

기존 설비에도 중요한 센서는 이미 설치된 경우가 많아, 센서 설치가 필요 없을 수도 있다. 하지만 디지털 트윈에 꼭 필요한 센서가 장착되어 있지 않다면 이를 위한 추가적인 센서를 설치하고 데이터 중추망에 연결하는 작업은 스스로 해야 한다.

분석과 빅데이터

'디지털 트윈'으로 표현된 설비 및 공정들의 동작 데이터가 데이터 중추망을 통하여 가상 데이터베이스로 모였다면, 스마트팩토리는 다음 단계를 준비해야 한다. 그것은 모아진 데이터를 분석하여 설비나 공정의 동작에서 그간 잘 보지 못했거나 잘 알지 못했던 현상Hidden Context을 파악하고, 이로부터 새로운 통찰Insight을 얻는 일이다.

앞서 설명했듯, 이 단계에서는 어떤 데이터가 어떤 물리적 현상을 나타내는지 그 관계와 의미를 정확히 정의해야 한다. 데이터와 물리적 현상 사이의 상관관계에 대한 분명한 정의가 도메인과 IT를 이어주는 연결 고리이다. 이런 연결 고리가 부족한 채로 데이터만 가지고 스마트팩토리를 하겠다는 건 현장에서 벌어지는 물리적 현상의 내용은 이해하지 못하면서 데이터라는 형식적인 빈껍데기만 가지고 스마트팩토리를 하겠다는 것과 다름없다.

데이터와 물리적 현상의 상관관계를 분명히 정의했다면 분석을 위한 기초는 마련되었다. 하지만 데이터 분석으로 통찰을 얻으려면 이것만으로는 부족하다. 여기에 도메인과 IT의 융합이 더해져야 한다.

데이터 분석이란 그냥 데이터를 가지고 이렇게 저렇게 해보는 것이 아니고, 데이터로부터 그간 잘 보지 못했거나 잘 알지 못했던 현상을 찾아내고, 그것으로부터 통찰을 얻는 것이다. 데이터를 그냥 수학적 정보로 처리하면 그 해석에 한계가 있다. 도메인 지식을 활용하여 어떤 현상에 대해 값진 추론Inference을 하고, 데이터를 분석하여 추론에 대한 검증과 해석을 하고, 보이지 않던 현상을 더 깊이 이해하여 새로운 통찰을 얻어내야 한다.

데이터 자체의 정확도 또한 중요한 고려 사항이다. 데이터 청소Data Cleaning 작업을 통하여 데이터가 잡음 없이 깨끗하게 수집되었다 하더라도, 데이터 자체의 정확도에 한계가 있는 경우가 많다. 철강 공정에서 사용하는 석탄 데이터를 예로 들 수 있다. 아무리 좋은 센서와 기술을 사용한다고 하여도 개별 석탄 뭉치에 대한 밀도, 습도, 품종 등의 측정에는 아직 그 정확도에 한계가 있다.

이런 데이터를 사용하여 진행한 분석은 그 결과에도 한계가 있을 수밖에 없다. 이렇듯 정확도가 부족한 데이터를 사용하여서 결과를 얻으면서도, 마치 정확도가 충분한 데이터를 사용하여 얻은 결과처럼 간주하는 실수를 범하는 경우를 자주 보곤 한다. 이 경우, 입력 데이터의 정확도가 결과 분석에 미치는 오차 범위를 미리 생각하여야 한다.•

• 만약 데이터가 어떤 고정된 패턴을 보이는 경우라면, 많은 양의 데이터를 사용하여 정확도가 낮은 데이터로부터 빅데이터 분석을 통하여 높은 정확도를 얻어낼 수도 있다. 하지만 이런 빅데이터 기법도 그 데이터가 시간에 따라 계속 변화하는 경우라면 효과가 떨어진다.

그간 진행되어왔던 여러 스마트팩토리 사례들을 살펴보면, 위에서 언급한 내용을 잘 인지하지 못하여 분석에 오류를 범하고 있는 경우가 허다하다. 이런 잘못은 데이터를 물리적 현상을 대변하는 정보로 보지 않고 단지 수학적 정보로 보는 IT 위주의 분석을 할 때 주로 생겨난다. 이런 잘못에 빠지지 않으려면 다음 사항을 유의하여야 한다.

- 데이터가 정의하는 물리적 현상이 분명해야 한다.
- 도메인과 IT가 함께 융합된 지식으로 데이터를 분석하여, 도메인이 생각한 추론을 검증·해석하여 새로운 통찰을 얻도록 해야 한다.
- 입력 데이터 정확도의 한계가 데이터 분석에 미치는 영향을 생각해야 한다.

가장 간과하기 쉬운 것은 도메인과 IT의 융합 없이는 아무리 첨단 IT 분석을 사용하더라도 반쪽짜리 결과밖에 얻지 못한다는 사실에 대한 인식이다.

빅데이터가 분석의 대명사처럼 되어 있어, 데이터 분석이라 하면 빅데이터를 먼저 떠올리는 경우가 많다. 그런데 실제 현장을 살펴보면, 많은 양의 데이터가 있어야 하는 빅데이터 분석이 아닌 적은 양의 데이터만으로도 가능한 스몰데이터Small Data 분석으로도 충분한 경우가 많다. 스몰데이터로 충분한 경우에 빅데이터를 사용하는 것은 낭비이다. 그래서 경영학에서는 빅데이터 또는 스몰데이터라는 용어 대신에 'Data-driven 분석'이라는 용어를 사용한다. 빅데이터나 스몰데이터라는 데이터량보다는, 데이터를 경영에 활용하겠다는 Data-driven 자세가 더 중요하다는 뜻이다.

빅데이터란?

옥스퍼드 대학교의 빅토어 마이어 쇤베르거Viktor Mayer-Schönberger 교수는 빅데이터Big Data를 다음과 같이 정의했다.

- 다량의 데이터를 활용, 소량의 데이터로는 불가능했던 새로운 통찰이나 가치를 추출하는 것
- 새로운 시각으로 세상을 보게 하는 안경이나 현미경 같은 것
  - 흐릿하던 것이 안경으로 또렷하게 보임
  - 보이지 않던 것이 현미경으로 보임
- 데이터를 활용하여 잘 모르던 현상을 이해할 수 있게 하는 새로운 방식

빅데이터를 이해하기 위하여 몇 가지 쉬운 예를 살펴보자.

가장 간단한 예로서, 미세한 신호가 큰 잡음 속에 있을 때는 그 신호를 감지하기 어렵다. 하지만 그 신호가 어떤 패턴을 보이는 경우라면 이를 감지해낼 수 있다. 신호와 잡음이 섞인 그

런 많은 데이터를 계속 더해나간다면, 잡음은 더해질수록 상쇄되는 현상이 생기고, 같은 패턴을 보이는 신호는 증폭되는 현상이 생긴다. 그래서 아무리 큰 잡음 속에 있는 미세한 신호라 할지라도 아주 많은 데이터를 활용하면 깨끗한 신호로 얻어낼 수 있다.

우리가 DNA와 질병의 상관관계를 얻는 것도 마찬가지다. 한 사람의 데이터만으로는 그런 상관관계를 얻기 어렵다. 하지만 수많은 사람의 데이터가 쌓이고 동일한 DNA 패턴을 보이는 사람이 동일한 질병을 앓는다면 우리는 그 상관관계를 확신할 수 있다.

앞서 예로 든 빅데이터 분석이 직접적인 상관관계 분석이라면, 간접적인 상관관계를 빅데이터 분석을 통하여 얻는 경우를 생각해보자.

우리가 쓰는 교통카드 데이터는 원래 요금 과금을 위하여 수집되었다. 하지만 수많은 교통카드 데이터가 쌓이면서 어디에서 많은 사람이 타고 내리고, 어떤 노선에 사람이 많고, 언제 교통량이 많은지 등을 알 수 있다. 이러한 교통카드 데이터를 활용하면 직접적인 과금 기능 이외에도, 최적의 교통 노선도를 만드는 일에도 활용할 수 있다. 그간 잘 모르던 현상을 간접적으로 이해하게 되는 경우이다.

추론의 중요성

데이터만 많이 쌓아두면 빅데이터 기술이 그 데이터로부터 어떤 통찰을 자동으로 찾아줄 것이라고 오해하는 경우가 많다. 미래에는 빅데이터와 AI 기술이 발전하여 그것이 가능할지 모르겠으나, 앞으로 상당 기간은 그렇지 못할 것이다.

앞서 제시한 빅데이터의 예에서 보듯이 모든 빅데이터 분석에 선행하는 것이 도메인 지식을 통한 추론Inference이다. 추론이란 그간 잘 보지 못했거나 잘 알지 못했던 어떤 현상Hidden Context이 분명 있으리라 생각하고, 이것을 빅데이터 분석을 통하여 찾아내려고 그 방안을 강구하는 것이다.

따라서 성공적인 빅데이터 분석을 위해서는, 도메인 지식을 활용하여 그간 잘 보지 못했거나 잘 알지 못했던 어떤 가치 있는 추론을 하고, 그 추론이 맞는지를 많은 양의 데이터와 첨단 IT 기술을 사용하여 검증해야 한다.* 단 한 번의 추론과 검증으로 어떤 통찰에 이르기는 힘들다. 이런 추론·검증 과정을 반복해나가면서 추론의 수준을 점차 높여나가면, 궁극적으로 그간 알지 못했던 정말 가치 있는 새로운 통찰에 다다를 수 있다. 그림 2-2가 이 과정을 보여준다.

---

* 이렇게 분석하여 검증하는 방법을 찾는 것을 기술 용어로 프레이밍(Framing)이라 한다.

그림 2-2 도메인과 IT의 융합으로 이루어지는 빅데이터 분석 프로세스

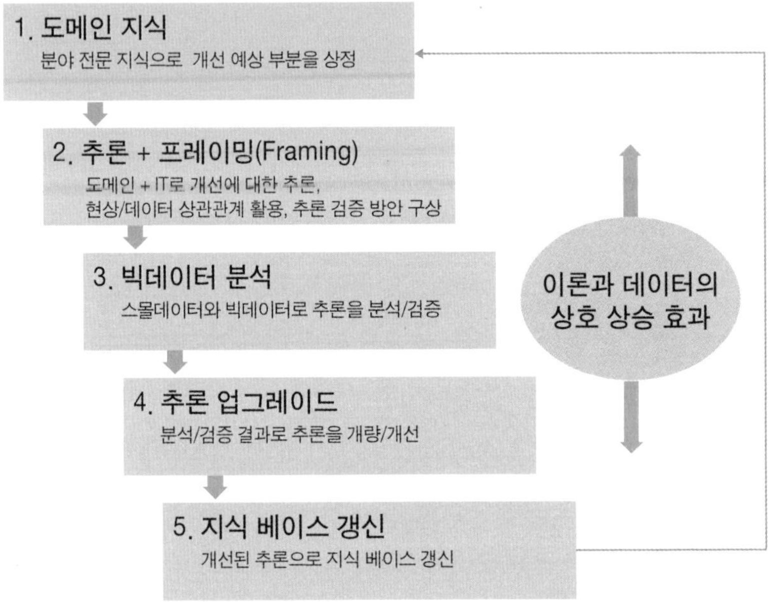

빅데이터 분석에서는 깊은 도메인 지식에 기초한 수준 높은 질문이 수준 높은 답을 얻게 한다. IT 기술에만 단순히 기대서는 안 된다. 높은 수준의 질문이 선행되어야만 가치 있는 빅데이터 성과를 얻을 수 있다.

데이터량에 대한 함정과 데이터 가지치기

빅데이터가 데이터 분석의 대명사처럼 되다 보니, 데이터량이 많은 것이 마치 데이터 분석의 주요 척도처럼 여겨지고 있다. 여기서도 저기서도 많은 양의 데이터를 쌓아두려고 노력하고 있다. 분명히 데이터량이 많은 것은 나쁜 게 아니다. 그런데 학문을 하는 학자가 아닌 현장의 경영자라면 데이터량에 대한 집착을 짚고 넘어가야 한다.

예를 들면, 포스코에서는 포항 공장 하나에서만 하루에 약 1.2TB 정도의 데이터가 생성된다. 요즘 PC의 메모리가 수백 GB 정도이니, 하루에 대략 PC 2~3대분의 데이터가 쌓이는 꼴이고, 1년이라면 약 PC 1000대분의 용량이 된다. 그리고 스마트팩토리를 진행할수록 데이터량은 더욱더 많아진다.

아무리 무한 컴퓨팅과 클라우드 컴퓨팅으로 컴퓨팅 비용이 저렴해졌다 하더라도, 구글이나 아마존 같은 세계적 IT 기업이 아닌 대다수 기업에서는 이렇게 기하급수적으로 늘어나는 데이터량을 감당하기에는 비용 부담이 있다.* 따라서 스마트팩토리 경영자는 데이터량이 스마트팩토리에 미치는 효능을 면밀하게 살펴보아야 한다.

데이터량과 스마트팩토리의 성능은 비례하지 않는다. 그 이유는 크게 세 가지이다. 첫째, 처음에는 데이터가 많아질수록 성능이 좋아지겠지만, 데이터량이 일정 수준 이상이 되면 그 효능 곡선의 기울기가 완만해지면서, 비용 대비 효과가 점차 떨어진다. 둘째, 과거의 데이터 중에는 현재에는 가치를 상실

* 앞으로 DNA Memory 기술이 발전하면 자주 쓰지 않는 데이터를 저장하는 비용이 획기적으로 싸져 이런 문제가 상당히 해결될 것이다. 그렇다고 이런 문제가 근본적으로 해결되지는 않는다.

한 데이터가 많다. 셋째, 현재의 데이터라 하더라도 같은 현상을 대변하는 데이터가 중첩되어 잉여적으로 쌓이는 경우가 많다. 이 외에도 다른 여러 이유로 데이터량이 가져다주는 효능이 제한적인 경우가 있다.

그래서 일반 기업에서는 어느 정도 스마트팩토리를 진행한 이후에는 이렇게 기하급수적으로 쌓이는 데이터를 어떻게 해야 할지 그 방안을 고민하여야 한다. 이때 필요한 것이 데이터 가지치기Data Pruning이다. 우리가 원하는 수준의 스마트팩토리 구축을 위하여 어느 수준의 데이터량이 필요할 것인지를 생각해야 하고, 과거 데이터상의 중요한 내용을 어떻게 요약된 데이터로 저장할지를 생각해야 하고, 중첩되는 잉여 데이터를 찾아서 어떻게 줄일지 등을 생각해야 한다.

사람을 예로 들어 보자. 사람은 살아가면서 수많은 데이터에 접하는 동안, 데이터를 머릿속에 그냥 꾸역꾸역 쌓아두지는 않는다. 그들 데이터로부터 어떤 통찰을 얻고, 그 통찰을 경험이라는 것으로 요약해서 저장한다. 따라서 사람의 머릿속에는 과거의 모든 데이터가 쌓여 있는 것이 아니라, 그것으로부터 얻은 통찰이 남아 있는 것이다.

물론 사람의 기억 속에는 원래 데이터Raw Data 형태 그대로 저장되어 있는 듯이 보이는 것도 있다. 어릴 때 외운 구구단을 예로 들 수 있다. 하지만 생각해보면 구구단도 우리가 구구단을 외워왔던 모든 데이터가 저장되어 있는 것이 아니라 그 요체만 통찰로 남아 있다. 사람이 아주 심각한 일을 겪었을 때 그 경험도 그대로 저장된 듯이 보인다. 하지만 이것도 그 통찰이 커서, 마치 전체가 남아 있는 것처럼 여겨질 뿐이다.

이런 관점에서 데이터 가지치기를 살펴보자. 기업의 사업 내용이 언론사처럼 과거의 데이터를 수집하고 이것을 저장하고 보유하는 것이 목적이 아니라면, 스마트팩토리에서 저장하는 데이터도 그냥 계속 더 많이 쌓아만 둘 것이 아니라, 마치 인간이 머릿속에 저장하는 것처럼 가지치기가 된 데이터로 저장하는 게 바람직하다. 그런 데이터 가지치기 방법에는 여러 가지가 있고, 그중 몇 가지는 다음과 같다.

- 같은 내용의 중첩된 데이터(Redundant data) 정리
- 시효가 떨어진 데이터 정리
- 데이터로부터 얻어진 통찰 형태로 보관

첫 번째와 두 번째는 도메인 전문가와 IT 전문가가 함께 노력만 기울이면 쉽게 가능한 데이터 가지치기이고, 세 번째는 AI와 연동하여 동작할 내용이다. 이 세 번째 방법은 최근 본격적 연구가 시작되고 있다.

제어와 AI

AI는 이미 많은 사람에게 익숙해져 있고, 현존하는 기술 중에서 스마트팩토리에 필요한 지능적 제어를 위하여 AI만큼 좋은 성능을 보이는 기술도 없다. 그중에서도 가장 주목받는 것이 머신러닝Machine Learning이다.

우리말로 기계 학습이라 불리는 머신러닝을 간단히 설명하면, 사람이 설비를 제어하는 데이터로부터 AI가 보고 배워서, 마치 사람이 제어하는 것처럼 설비를 지능적으로 제어하거나 또는 그 이상의 성능을 발휘할 수 있도록 AI를 학습시키는 것을 말한다.

머신러닝을 위한 AI 알고리즘에는 여러 가지가 있으나, 그중 가장 뛰어난 것이 딥러닝Deep Learning(심층학습)이다. 딥러닝은 인간의 두뇌에서 뇌세포가 연결되어 동작하는 방식으로 인공지능을 구현하며, 딥러닝의 뛰어난 효과는 이를 바둑에 응용한 알파고AlphaGo의 경우에서 보듯이 이미 잘 입증되어 있다.

AI 응용의 4단계 물결

AI는 다양한 산업 분야에 응용되어 뛰어난 성능을 보인다. 저명한 AI 전문가 카이푸 리Kai-Fu Lee 박사는 그의 저서 『AI 슈퍼파워(AI Superpowers)』에서 AI를 산업에 응용하는 이런 추세를 잘 정리하고 있다. AI의 응용이 지금 어느 수준에 와 있고

그림 2-3 AI 응용의 4단계 물결

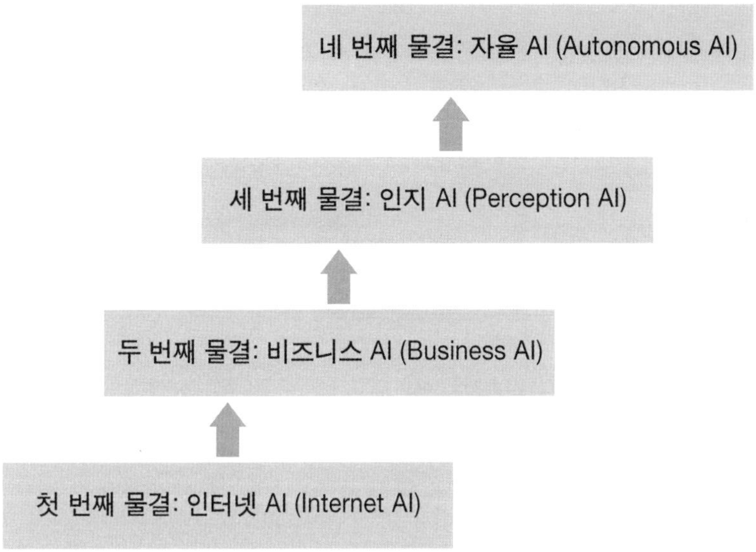

앞으로 어디로 나아갈지를 그림 2-3처럼 AI 응용의 4단계 물결로 설명하고 있다.

첫 번째 물결: 인터넷 AI

AI가 산업에 본격적으로 응용되기 시작한 그 첫 번째 물결은 인터넷의 추천 엔진Recommendation Engine에서부터 비롯되었다. 추천 엔진이란 사람들이 인터넷에서 쇼핑을 하거나 콘텐츠를 볼 때, 각 고객에 알맞은 쇼핑 아이템이나 콘텐츠를 추천하는 소프트웨어 알고리즘을 말한다. 그 추천 알고리즘의 기본 개념은 해당 고객이 과거에 인터넷상에서 한 행동이나 관심을 보인 아이템 등을 데이터로 저장하고, AI가 그 데이터를 분석하여, 현시점에서 그 고객에 가장 알맞은 추천을 지능적으로 하는 것이다.

추천 엔진과 같은 인터넷에서의 AI 응용은 쇼핑과 콘텐츠에서뿐만 아니라, 뉴스나 광고 등 거의 모든 인터넷 활동에 응용되고 있다. 이는 인터넷 AI Internet AI라 불리며, 산업에 AI를 응용하는 첫 번째 물결에 해당한다.

두 번째 물결: 비즈니스 AI

AI를 산업에 응용하는 두 번째 물결인 비즈니스 AI Business AI는 스마트팩토리 및 디지털 전환과 밀접한 관계가 있다. 인터넷 AI가 인터넷을 사용하는 네티즌들의 행동 데이터를 활용하는 데 초점을 두었다면, 비즈니스 AI는 기업이 보유하고 있는 각종 비즈니스 데이터를 활용하는 데 초점을 두고 있다.

예를 들어 공장에서 작동하는 설비의 데이터를 보고 분석하거나 은행에서 고객의 거래 데이터를 보고 분석함으로써, 그간 잘 보지 못했거나 잘 알지 못했던 현상 Hidden Context을 새롭게 파악하고, 이를 비즈니스에 적용하여 새로운 가치를 창출하는 것이다. 따라서 비즈니스 AI는 스마트팩토리와 디지털 전환의 근간이 되는 AI이다.

인간은 데이터를 분석하여 데이터 사이의 강력한 상관관계 Strong Features를 찾아내고 그것을 인지하는 것에는 능하다. 하지만 그들 사이에서 있는 미약한 상관관계 Weak Features를 찾아내거나 인지하는 것에는 약하다. 그래서 인간이 하는 관측, 분석, 제어는 대개 강력한 상관관계만을 활용하는 수준에 머물러왔다.

하지만 빅데이터를 이용하면 데이터 사이의 미약한 상관관계조차 관측하고 인지할 수 있다. 이렇게 파악한 미약한 상관관계로부터 지금까지 잘 보지 못했거나 잘 알지 못했던 현상까지 분석하여 통찰을 얻어낼 수 있고, AI를 통하여 이런 통찰까지 활용함으로써 제어의 수준을 한 차원 높일 수 있다.

세 번째 물결: 인지 AI

세 번째 물결인 인지 AI^Perception AI^도 스마트팩토리 및 디지털 전환의 발전과 밀접한 관계가 있다. IoT와 연결된 여러 센서를 활용하여 AI에 시각, 후각, 청각 등의 오감을 가지게 할 수 있고, 이를 활용하여 현장에서 일어나는 제반 물리적 상황을 AI가 마치 인간처럼 인지하고 분석하여 어떤 지능적 판단을 내리게 할 수 있다.

인지 AI 이전에는 AI에게 주어지는 데이터는 모두 인간이 제공하는 데이터로 한정되었다. 하지만 인지 AI부터는 인간이 데이터를 제공하지 않더라도 IoT와 센서만 연결되어 있으면 필요한 데이터를 AI가 자체적으로 수집하여 분석하고 판단할 수 있다. IoT를 적극 활용하는 CPS^Cyber Physical System^(가상 물리 시스템) 형태의 스마트팩토리도 그 한 가지 예이다.

뒤에 자세히 설명하겠지만 스마트팩토리가 상당한 수준으

로 구축되어 IoT와 플랫폼이 일반화되고, 여기에 최근 크게 발전한 컴퓨터 비전Computer Vision 기술이 더해진다면, 인지 AI도 비즈니스 AI와 함께 앞으로 스마트팩토리의 근간이 될 기술이다.

네 번째 물결: 자율 AI

네 번째 물결인 자율 AIAutonomous AI는 우리가 흔히 소설이나 영화 속에서 보아오던 AI의 모습이다. 문제에 대한 정의만 제대로 되어 있다면, 이 사항에 대해 스스로 보고 듣고 느끼며, 이에 기초하여 스스로 추론도 한다. 또한 그 추론에 대해 스스로 데이터를 분석하여 검증하고, 이를 바탕으로 판단까지 내릴 수 있는 AI이다.

구체적으로 정의된 사항과 목적에 대해서는 인간의 개입이 필요 없이 모든 것을 자율적으로 처리할 수 있다고 하여, 이 네 번째 물결을 자율 AI라고 부른다. 학술적인 용어로는 범용 인공지능이라는 뜻에서 AGIArtificial General Intelligence라고 하며, AI의 궁극적인 모습이다.

이렇게 자율 AI까지 도달하게 되면 이로 인하여 펼쳐지는 미래 모습은 지금과는 확연히 다를 것이다. 반복적·기계적인 단순한 일은 AI가 당연히 인간보다 더 잘 해낼 것이다. 그뿐만 아니라, 미리 정의된 구체적인 일에 대한 개량, 개선, 발전의 영역조차 AI가 더 잘 해낼 것이다. 인간은 이런 것들을 뛰어넘는 파괴적·창의적·혁신적 영역에 집중하게 될 것이다.

AI 응용의 현실

앞서 논의한 AI 응용의 4단계 물결 중에서 첫 번째 물결인 인터넷 AI는 이미 완전히 일반화되었고, 두 번째 물결인 비즈니스 AI는 4차산업혁명이 대두되면서 여러 산업 분야에서 적용되고 있다. 세 번째 물결인 인지 AI는 최근 응용이 활발해지기 시작했고, 네 번째 물결인 자율 AI는 연구·개발을 통하여 앞으로 나아갈 영역이다.

AI 응용 물결에서 보듯이 AI는 능력이 뛰어나고, 활용 분야도 무궁무진하다. 그래서 언론에서는 AI를 만병통치약처럼 묘사하기도 한다. 그런데 언론의 표현에 현혹되어, AI를 적용하기만 하면 모든 문제가 쉽게 해결된다고 생각해서는 안 된다.

이런 우려 때문에 하버드 대학의 경영전문지 ≪하버드 비즈니스 리뷰Harvard Business Review(HBR)≫는 이렇게 일갈했다.

기업에서의 첫 번째 AI 물결은 실패하게 되어 있다.
(The first wave of corporate AI is doomed to fail.)

세계적 컨설팅 회사 가트너Gartner도 이렇게 비판했다.

AI 프로젝트의 84%는 성공을 거두지 못했다.
(84% of AI projects never gets to production.)

현존하는 수준의 AI를 스마트팩토리와 디지털 전환에 적용하는 것만으로도 기업은 많은 분야에서 큰 가치를 얻을 수 있다. 그럼에도 AI에 관한 이런 부정적인 이야기가 많이 나오는 이유는 무엇일까? 그 이유는 지금까지 AI를 적용한 많은 기업이 도메인과 IT의 융합된 지식이 없이 그냥 AI를 적용했기 때문이다. 그들은 AI를 적용하기만 하면 저절로 좋은 결과가 나오지 않을까 하는 어리석은 기대감으로 아무 데나, 아무렇게나 AI를 적용해왔다.*

그런 잘못된 생각과 막연한 기대감의 예는 다음과 같다.

- 전략적 사고를 통하여 도출한 뚜렷한 목표 없이, 그냥 AI를 적용하기만 하면 어떤 좋은 성과가 나올 것이라는 기대
- 과제와 목표에 적합한 AI 알고리즘을 골라서 사용하지 않고, 언론에서 언급되는 화려한 알고리즘이 더 좋을 것이라는 생각
- 학문과 현장 사이의 차이를 인식하지 못하고, 그냥 학계에서 논의되는 것을 바로 현장에 적용하면 될 것이라는 생각
- 현장 도메인 전문가의 공조와 협력 없이, 데이터 전문가(Data Scientist)에 의존하면 되겠거니 하는 생각

---

* AI를 비즈니스에 적용하는 방법론과 유의점은 마리야 야오(Mariya Yao), 에들린 주(Adelyn Zhou), 마를레네 지아(Marlene Jia)의 공저 『응용 인공지능(Applied Artificial Intelligence)』이 잘 다루고 있다.

AI 적용에 대한 이런 잘못된 기대와 생각만 바로잡아도 AI 적용의 성공 확률은 훨씬 높아진다.

AI를 스마트팩토리에 적용하고자 하는 현장 경영자의 입장에서 살펴보면, 어떤 지능적인 제어 목적을 위하여 AI 알고리즘을 따로 개발하겠다고 나설 필요가 없다. 많은 AI 알고리즘이 이미 개발되어 있으며, 이를 클라우드 서비스를 통해 쉽게 불러와 쓸 수 있다. 여기에서 중요한 것은 목적하는 바를 도메인과 IT 융합을 통하여 정확히 정의하고, 이것을 위한 최적의 알고리즘을 찾는 것이다.

목적하는 바를 잘 알면 AI 관련으로 어떤 질문을 해야 할지 잘 정의할 수 있다. 이렇게 질문이 잘 정의되어 있으면 좋은 AI 알고리즘을 선택할 수 있고, 그러면 AI로 무엇을 기대할 수 있는지 잘 알 수 있다. 이렇듯 목적하는 바를 깊이 이해하고 적용한 AI는 대부분 성공을 거둔다. 하지만 앞서 ≪하버드 비즈니스 리뷰≫와 가트너가 언급하였듯이, 이런 이해 없이 어리석은 기대만으로 적용한 AI는 대부분 실패해왔다.

Small AI

스마트팩토리에 AI를 적용하여 제대로 된 효과를 볼 수 있으려면 단위 설비의 제어 기능에 대하여 해결하려는 문제가 분명히 정의되어 있고, 이에 대한 데이터를 풍부하게 얻을 수 있어야만 한다.

이 경우 AI 알고리즘도 복잡할 필요가 없고, 컴퓨팅 자원도 클 필요가 없어, 단위 설비에 바로 연결된 간단한 컴퓨팅 자원•만으로도 처리가 가능하다. 그리고 AI 적용으로 얻어지는 성과도 쉽게 가늠할 수 있다. 범용으로 AI를 대규모 적용하는 것이 아닌, 이처럼 특정 분야에 구체적 성과를 위해 AI를 소규모 적용하는 것을 Small AI라고 부른다. 이것은 Narrow AI라고도 부르며, 큰 컴퓨팅 자원을 사용하지 않고도, AI 기술 발전을 산업 현장에서 편리하게 누리게 한다.••

사람이 수행하는 업무 중에서 Small AI를 적용하기 좋은 예를 찾아보면, 단순 반복 업무를 들 수 있다. 사람에게 단순 반복 업무를 맡기면 임무를 맡은 사람은 시간이 지남에 따라 조금씩 산만해지고, 주의 집중이 오래가지 못하여, 결국 실수를 하게 된다. 이런 단순 반복 업무는 기술적으로 쉽고 분명하게 정의될 수 있다. 이렇게 업무가 제대로 정의되어 있다면, AI가 이를 사람보다 더 잘 해낼 수 있다.

• 이렇게 설비에 바로 연결된 간단한 컴퓨팅 자원을, 그 위치가 말단에 있다고 하여, 에지 컴퓨팅(Edge Computing)이라 부른다. 이것에 대해서는 뒤에 플랫폼을 논의할 때 자세히 다룬다.

•• 참고로, 복잡한 AI 모델로부터 Small AI 같은 간단한 AI 모델로 변환시켜나가는 방법으로 지식 증류(Knowledge Distillation) 기술이 있다.

그 예로 CCTV를 들 수 있다. 거의 모든 공장에는 수많은 CCTV가 설치되어 있다. 공장은 CCTV 화면을 보면서 공장이 돌아가는 상황을 실시간 파악하여, 문제 발생의 징후가 있거나 문제 발생의 초기에 이를 감지하게 되어 있다. 하지만 대다수 공장에서는 CCTV 화면을 실시간으로 인지하지 못하고 있다. 사람이 CCTV 화면을 10여 분 이상 계속 쳐다보고 있기 어렵기 때문이다. 따라서 대부분의 공장은 어떤 상황이 발생한 뒤에 그 원인을 파악하는 정도로 CCTV를 활용하고 있다.

그런데 이런 CCTV 모니터링을 통한 문제 발생의 사전 인지나 초기 감지는 AI를 활용하면 쉽게 해낼 수 있다. 화면에서 어떤 상황이 일어나고 있는지 인지하는 것을 컴퓨터 비전이라 하는데, 이런 용도의 AI 알고리즘은 이미 많이 개발되어 있다. 따라서 CCTV 화면으로부터 무엇을 인지하려는지 그 업무가 잘 정의만 되어 있으면, 스마트팩토리에서는 컴퓨터 비전을 활용하여 이런 업무를 Small AI에게 효과적으로 맡길 수 있다.

요약하면, 스마트팩토리를 시작하면서 AI를 처음 적용해 볼 대상으로는 기술적·논리적으로 잘 정의된 단순 반복 업무에서부터 시작하는 것을 권하고, 이 경우 그 일차적 목적으로는 해당 업무에 대한 도메인 전문가의 지식을 AI로 잘 재현하는 것에서부터 시작하기를 권한다. ≪하버드 비즈니스 리뷰≫에서는 이를 다음과 같이 표현하였다.

AI의 첫 번째 임무는 잘 정의된 단순 반복 업무에 대한 도메인 전문가들의 지식을 재현하는 것이다.
(AI's first duty is the replication of domain expert's knowledge on a well-defined repetitive task.)

이렇게 작고 분명한 것에서부터 체계적으로 AI를 시작하면 스마트팩토리에 AI를 성공적으로 적용해나가는 방법을 잘 배울 수 있고, 그 효과도 쉽게 얻을 수 있다. 그리고 여기에 필요한 AI 알고리즘도 대부분 Small AI로 충분하다. 이렇게 성공 경험을 쌓은 뒤에 점차 더 큰 AI 과제로 확장해나가면 된다. 처음부터 업무도 제대로 정의하지 않은 채 크게 AI를 도입하려 들면 그 성공 가능성은 ≪하버드 비즈니스 리뷰≫가 언급한 대로 결코 높지 않다.

AI 한계에 대한 이해

AI를 Small AI 이상으로 확대 적용하기 위해서는 AI가 가진 현실적인 한계를 이해할 필요가 있다. 대중매체에서는 AI를 모든 문제를 해결할 수 있는 만병통치약처럼 묘사한다. 이런 범용 인공지능인 AGI[Artificial General Intelligence]는 AI 응용의 네 번째 물결인 '자율 AI 단계'에서나 가능하며, 이것에는 상당 기간이 걸릴 것으로 보인다. 따라서 당분간은 이런 범용 문제를 자율적으로 해결하는 AI의 등장은 요원할 것이다.

현재 수준의 AI에서, AI 응용에 성공하기 위해서는, 앞의 Small AI에서 언급하였듯이,

- AI로 하고자 하는 업무가 잘 정의되어야 하고, (Well-defined task)
- 필요한 데이터가 충분히 제공되어야 한다. (Complete set of data)

이런 AI 성공 요건의 의미를 바둑 인공지능 알파고를 예로 들어 알아보자.

알파고를 하나의 시스템으로 정의하면, 이 시스템의 입력과 출력, 시스템의 상태, 목적함수를 분명하게 정의하고, 측정할 수 있다. 알파고에서 입력이란 상대방이 이번에 두는 수이고, 출력은 상대방이 둔 수에 대응하여 알파고가 두는 다음 수이다. 시스템 상태란 현재 바둑판 위에 놓여 있는 흑과 백의 위치이며, 목적함수는 집 차이와 승리 확률이다.

현재의 시스템 상태인 바둑판에 놓여 있는 흑과 백의 군집 위치로부터 예상되는 집 차이를 계산하고, 승리 확률을 계산하고, 그것들을 높이기 위하여 다음 수를 도출해내는 알파고의 능력은 AI가 보여주는 경이에 가깝다.

이러한 알파고의 경우에는 입력, 출력, 시스템 상태, 목적함수를 어떤 어려움 없이 분명하게 정의할 수 있다. 그런데 AI를

스마트팩토리에 적용하려고 들면 이런 것들을 정의하는 데 어려움을 겪는 경우가 허다하다. 철강 생산의 용광로를 예로 들면 이해가 쉬울 것이다. 용광로의 입력은 주입되는 코크스, 철광석, 가열 온도 등이고, 출력은 용광로에서 나오는 쇳물이고, 시스템 상태는 용광로 내부의 상태이다.

그런데 이 경우 어느 하나 분명히 정의하기 어렵다. 코크스와 철광석은 성분과 수분 등으로 정의할 수 있기는 하지만, 정확히 측정하기 어렵고, 그 값이 고정되지 않고 수시로 변한다. 그래서 정확한 입력을 알려면 용광로에 들어가는 코크스와 철광석의 성분과 수분 등을 실시간으로 정확히 측정할 수 있어야 하는데, 아직은 그런 기술이 부족하다. 온도가 수천 도에 이르는 용광로의 내부 상태를 정의하는 것은 더욱더 어렵다.

이렇게 입력, 출력, 시스템 상태, 목적함수들을 분명하게 정의하고 측정할 수 없는 경우에는 AI를 적용하여도 그 효과가 잘 나타나지 않는다. 자기가 처한 상황도 잘 모르면서 남에게 해결책을 부탁하는 것과 유사한 꼴이다. 이런 어리석음은 도메인 지식이 부족한 채로 IT라는 관점에서 AI를 적용하려 들 때 흔히 나타나는 현상이다.• 그래서 AI 과제의 성공에는 앞

• 세계 최고 IT 기업에서도 그런 실수를 한다. 그 기업은 세계적으로 유명한 자사의 AI 기술로 용광로를 분석할 수 있다고 뛰어들었다가 손들고 물러났다. 도메인 지식을 바탕으로 용광로 분석의 어려움을 설명하였어도, IT 지식만으로 자기들 AI를 적용하기만 하면 된다고 믿는 실수를 저질렀다.

에서 언급한 잘 정의된 업무, 잘 정의된 충분한 데이터와 함께, 도메인과 IT의 융합 지식, 그리고 분명한 목적함수가 또 다른 필요조건이다.

설명 가능 AI(Explainable AI)

딥러닝 방식 AI의 또 다른 한계는 어떤 출력을 내놓을 때 어떤 근거에 따라 그런 판단을 내리는지에 대한 논리적 설명을 전혀 제공하지 않는다는 것이다. 다시 바둑 인공지능 알파고의 예를 들어 설명하면, 우리는 알파고가 두는 수가 분명히 좋은 수라는 것은 안다. 하지만 왜 그런 수를 두었는지에 대한 논리적 근거를 알파고는 전혀 내놓지 않는다. 그냥 그 출력을 보고 아마 이런 이유 때문이겠거니 하고 우리가 유추할 따름이다. 알파고의 출력을 다르게 말하면, "나의 판단은 최선이니 무조건 믿고 따르라" 하는 것과 별반 다르지 않다.

바둑에서는 이런 상황이 용납될지 모른다. 하지만 스마트팩토리에서는 용납되기 어렵다. 용광로 같은 경우 조금만 잘못 제어되어도 수백억 원이 들어가는 고장이 발생할지 모른다. 그래서 스마트팩토리에서는 100점의 성능을 주장하는 까막눈의 해법보다는 차라리 99점의 성능이라도 그런 판단 근거를 제시할 수 있는 뜨인 눈의 해법이 더 요구된다. 이것이 스마트팩토리에 아직 Small AI가 먼저 권장되는 이유이다. 또한 AI를 확대하더라도 앞에서 언급한 AI 적용의 4대 요건인,

1. 잘 정의된 업무
2. 충분한 데이터
3. 도메인과 IT의 융합 지식
4. 분명한 목적함수

모두가 잘 충족되어, AI의 출력에서 그런 판단에 대한 논리적 근거를 사람이 충분히 유추할 수 있어야 한다.

이런 AI의 한계성은 단지 스마트팩토리에서만 문제가 되는 것이 아니다. 예를 들어, 사회적 문제에 적용하려 해도, AI의 출력이 어떤 근거 없이 마치 용한 점쟁이의 판단처럼 여겨져서는 안 된다. 최근에는 AI 기술 개발의 새로운 영역으로 AI 판단의 논리적 근거를 제공하는 설명 가능 AI(Explainable AI•) 기술이 개발되고 있다. 이 기술이 개발되면 AI의 적용 범위와 가치가 한층 넓어질 것이다.

이런 방향의 첫 단계로 포스코 스마트팩토리에서는 AI 판단의 논리적 근거에 대한 설명의 수준을 높이기 위한 방법을 개발했다. AI 판단을 도메인 지식과 상호 연결하여 그 판단의 이해도를 높이는 방법이다. 이를 도메인 지식과 AI의 협력이라는 뜻에서 앙상블 AI(Ensemble AI••)라고 부른다.

• Interpretable AI라고 하기도 한다.

•• 이 표현은 AI에서 쓰이는 앙상블 러닝(Ensemble Learning)에서 차용하였다. 참고로 앙상블 러닝이란 여러 AI 알고리즘의 결과를 종합하여 최선의 결과를 얻는 AI 학습모델을 일컫는다.

편중된 데이터에 의존하면 생기는 편향

데이터량과 AI의 성능에 대한 또 하나의 오해는 데이터를 많이 넣기만 하면 AI 성능이 무조건 좋아지리라 생각하는 것이다. 이렇게 되려면 전제조건이 필요하다. AI에 주입되는 데이터는 우리가 AI를 활용하여 파악하고 제어하고자 하는 전체 모습에 대한 균형 잡힌 데이터가 되어야 한다. 이렇게 균형 잡힌 데이터라면 많으면 많을수록 AI 성능을 높일 수 있다.

하지만 데이터의 분포가 우리가 알고자 하는 전체 모습에 대한 균형 잡힌 데이터가 아니고 부분적인 모습에 편중되어 있다면, 그런 데이터가 많을수록 AI는 편중된 데이터에 따른 편향Bias된 결과를 내놓게 되어 있다.* 딥러닝을 사용하는 AI에서는 특히 그렇다.

현장의 실무자들은 데이터를 수집하면서 자기에게 익숙한 상황의 데이터를 더 많이 수집하는 경향이 있다. 현장의 상황은 데이터가 모인 만큼 보인다. 그런데 데이터가 어떤 편중된 현상에 집중되어 수집되었다면, 그런 데이터로부터 보이는 현상도 전체가 아니고 편중된 모습이다. 숲이 아니고 나무를 보는 꼴이다.

데이터가 숲이 아닌 나무를 나타내고 있다면 당연히 이런

---

* 미국에서 얼굴 인식 AI를 적용하면서도 이런 문제에 봉착하였다. 데이터가 주로 백인 남성 데이터로 편중되어 있어, 유색인과 여성에 대한 인식은 상대적으로 많은 편향된 결과를 낳았다.

그림 2-4 편중된 데이터에 의존하면 생기는 편향

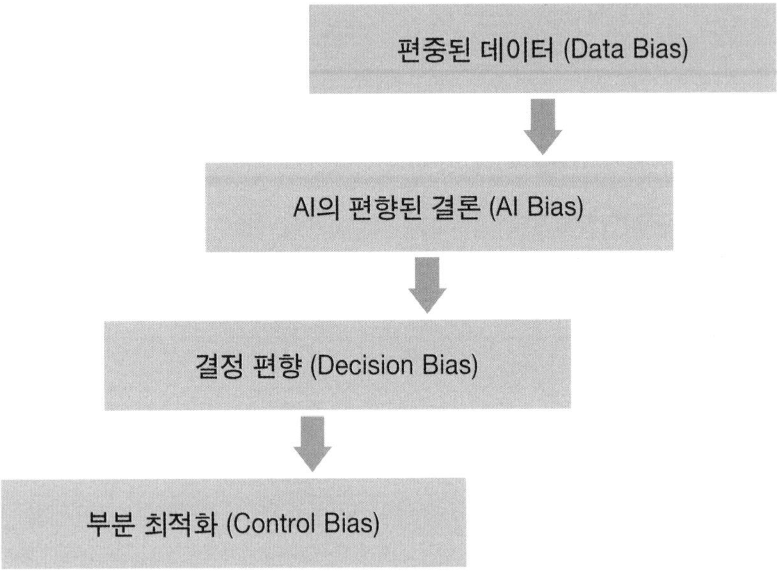

데이터에 의존하는 AI는 숲이 아닌 나무에 대한 결론을 내게 되어 있다. 그림 2-4와 같이, 스마트팩토리에서 균형 잡히지 않은 편중된 데이터Data Bias를 사용하면 AI가 편향된 결론AI Bias을 내리게 되고, 이것은 스마트팩토리에서 우리가 내리고자 하는 결정을 편향시키고Decision Bias, 결론적으로 공장 제어가 전체가 아닌 부분 최적화Control Bias에 머무르게 된다.

이렇게 편중된 데이터에 의존하여 결정을 내리는 AI는 사람으로 치면 자기가 아는 범위로만 모든 걸 판단하는 외골수인 셈이다. 외골수는 제한된 부분 전문성을 추구할 때는 큰 문제가 되지 않으나, 전체 그림을 봐야 할 때는 문제가 될 수 있다.

이런 편중된 데이터Data Bias 문제는 조심하면 쉽게 해결될 수 있으나, 많은 경우 현장에서는 계속 보아오던 데이터만을 활용하는 탓에 편중된 데이터에 의존하는 결과를 낳고 있다. 편중되어 수집된 데이터는 당연히 많은 중첩된 잉여 데이터로 구성되어, 데이터만 쌓이고 효과가 없게 된다. 따라서 현장에서 이런 수집 편중의 오류가 없도록 도메인 전문가가 나서서 어떻게 균형 잡힌 데이터를 수집할지에 대한 가이드라인을 주어야 한다.

AI를 효과적으로 적용하기 위한 기술 군더더기 제거

기술 개발을 진행하고 공장 운영을 하다 보면, 곳곳에 과거에 사용되었거나 개발된 것 중에서 지금은 가치가 없어서 사용되지 않고 버려진 채로 현재의 기술과 엉켜 있는 기술 군더더기Technical Sprawl들이 숱하게 많다. 이런 기술 군더더기는 모든 기업에서 어쩔 수 없이 존재하는 것으로, 그게 독립적으로 있어 쉽게 떼어낼 수 있으면 그나마 다행이지만, 지금 동작하고 있는 기술 및 운영 프로세스와 복잡하게 얽혀 있어 쉽게 떼어낼 수 없는 경우도 많다.*

이렇게 기술 군더더기가 프로세스 중간중간에 얽혀 있는 것

* 현재 개발된 기술 속에 뒤엉켜 이렇게 가치 없이 남아 있는 기술 군더더기 또는 기술 잔재를 경영학에서는 효과는 없이 비용만 발생시킨다고 하여 기술 부채(Technical Debt)라 부른다.

을 AI는 알 수가 없다. AI는 단순히 해당 프로세스에 관련된 데이터만으로부터 어떤 귀결을 얻고자 할 뿐이다. 따라서 해당 프로세스에 불필요한 기술 군더더기들이 많이 얽혀 있으면 AI의 성능은 그만큼 떨어지게 되어 있다.

어떤 프로세스를 AI 알고리즘으로 구현하려다 보면 당연히 과거의 그런 기술 군더더기들이 기술 전문가의 눈에는 보이게 되어 있다. 모든 기술 군더더기들을 쉽게 제거할 수 있는 것은 아니지만, 그런 기술 군더더기들이 보일 때 그것들을 가능한 한 많이 제거하고 AI 알고리즘을 구현하는 게 중요하다. 그렇지 못하면 AI의 성능은 그만큼 떨어진다.

다른 사람에게 이야기를 전할 때 직접 전하면 복잡한 이야기도 쉽게 전달되지만, 여러 사람을 거쳐서 전하면 단순한 이야기는 전달될지 몰라도 복잡한 이야기는 잘 전달되지 않는다. AI에서 기술 군더더기는 이처럼 이야기를 전달할 때 필요 없이 중간중간에 끼어 있는 사람과 같은 비효율적 영향을 미친다.

AI와 빅데이터의 통합

스마트팩토리에 필요한 첨단 IT 기술을 설명하면서, 이를 개념적으로 쉽게 설명하기 위하여, '분석을 위한 빅데이터'와

'제어를 위한 AI'로 분리하여 설명하였다. 그런데 실제 적용에 있어서 빅데이터는 독자적으로 활용되는 때도 있지만, AI는 빅데이터와 묶이지 않고 독자적으로 활용되는 경우가 드물다. 특히 스마트팩토리에 많이 쓰이는 머신러닝에서는 더욱더 그렇다.

머신러닝이란 인간이 기계를 제어하는 행동 데이터를 수집, 활용하여 AI가 인간처럼 행동하도록 학습을 시키는 것이다. 이렇게 학습시키기 위해서는 많은 데이터가 AI에게 제공되어야 한다. 기본적으로 머신러닝은 이미 빅데이터에 기반을 둔 것이다. 주어진 빅데이터로부터 AI가 통찰을 얻고, 그 통찰에 따라 AI가 인간처럼 제어하는 것을 학습하게 되는 것이다.

따라서 스마트팩토리에서는 빅데이터와 AI를 분리하여 생각할 필요가 없다. 스마트팩토리에서의 AI란, 이미 빅데이터와 묶여서 하나가 된 것이고, 주어진 데이터로부터 분석과 제어 기능 모두를 한꺼번에 지능적으로 수행하는 것으로 생각하면 된다.

딥러닝으로 빅데이터와 AI가 통합되면서 '데이터량'과 '알고리즘 수준'의 상호 관계에 대한 논의가 되고 있다. 많은 양의 데이터와 높은 수준의 알고리즘을 둘 다 한꺼번에 가질 수 없다면, '적은 양의 데이터와 높은 수준의 AI 알고리즘'을 가진 경우와 '많은 양의 데이터와 낮은 수준의 AI 알고리즘'을 가진 경우를 비교할 때 어느 편이 더 우월한가 하는 것이다.

아직 뚜렷한 결론이 나오지 않았지만, 중국 AI 학계에서는 후자가 낫다고 주장한다. 그 배경에는 중국이 AI 알고리즘 수준에서는 아직 미국에 뒤떨어져 있지만, 데이터량만큼은 미국에 앞서 있다는 생각도 한몫한다.

여기에서 두 가지 생각을 해볼 여지가 있다. 하나는 데이터만 충분하면 스마트팩토리를 위하여 굳이 최고의 AI 알고리즘을 찾아 헤맬 필요가 없이, 기존에 널리 알려진 알고리즘으로도 상당한 효과를 얻을 수 있다는 사실이다. 다른 하나는 앞의 '데이터량의 함정'에서 논의하였듯이, 데이터량이라는 것은 당연히 비용을 수반하게 되어 있다는 것이다. 따라서 AI를 적용해가면서 목적하는 정도에 따라 알고리즘 수준과 데이터량의 균형을 이루도록 하여야 한다.

데이터 전처리 (Data Pre-processing)

앞에서 논의한 데이터 청소Data Cleaning와는 구별되는 개념으로 데이터 전처리Data Pre-processing가 있다. 데이터 청소가 오염되지 않은 데이터를 수집하도록 하기 위함이라면, 데이터 전처리는 수집된 데이터를 목적하는 분석에 적합하거나 편리하도록 데이터를 선행 가공하는 데 목적이 있다.

예를 들어, 어떤 부분의 데이터가 실제 물리적 현상에서 너무 벗어난 것처럼 보이면 이것을 제거하거나,• 데이터를 같은 유형별로 분류하거나, 필요한 일부 데이터를 추출하거나, 비선형Nonlinear 현상을 파악하기 위하여 데이터를 결합하여 다른 데이터로 만드는 것들이 모두 데이터 전처리이다.

이것은 단순한 데이터 오류 제거 작업이 아니며 단순한 IT 작업도 아니다. 데이터의 내용을 제대로 파악해야 할 수 있는 선행 작업이다. 데이터 전처리에는 깊은 도메인 지식이 필요하다. 도메인 지식 없이 함부로 이 작업을 하면 데이터에 숨어 있는 중요한 정보들이 사라진다. 데이터 전처리는 반드시 도메인 전문가의 도움을 받아서 작업하여야 한다.

데이터 전처리는 AI가 통찰을 쉽게 얻어내도록 하기 위한 선행 작업이다. 따라서 처음 AI를 적용하여 어떤 통찰을 얻고자 할 때는 권장할 만하다. 하지만 데이터에 대하여 이런 선행 처리를 한다는 것 자체가 당연히 데이터로부터 일부 정보를 잃게 되는 것이다. 따라서 기초적인 통찰을 얻고 난 이후라면, 그다음 단계의 더 깊은 통찰을 위해서는 가능하면 이런 데이터 전처리 작업마저 빅데이터와 AI의 통합 속으로 끌어들여, 데이터에 포함된 가치 있는 정보의 상실이 없도록 하는 게 바람직하다.

• 기술 용어로는 Outlier Elimination이라고 한다.

지식 베이스 (Knowledge Base)

모든 기업에서 바라고 모든 기업에서 적어도 한 번쯤 시도해보았을 사항 중 하나가 지식 베이스Knowledge Base이다. 지식 베이스란 기업에 필요한 지식을 정리하여 축적한 것을 말한다. 어떤 기업이든 자기들이 보유한 지식 재산을 모아두고, 이것을 모든 구성원이 활용할 수 있게 하고, 기업을 운영하면서 이것을 점차 개선해나갈 수만 있다면 이것은 기업의 엄청난 자산이 된다. 그 때문에 많은 기업에서 '사내 전문가 데이터베이스'를 만들고는 하였다.

그런데 이러한 기대와는 달리 대다수 기업은 지식 베이스 구축에 어려움을 겪는다. 직원들을 독려하여 지식 베이스를 한 번 만들었다 하여도 최신 정보로 갱신할 방안이 마땅치 않아 지식 베이스 속 지식이 시간이 갈수록 쓸모없어지는 경우가 허다하다. 그래서 대부분의 회사에서는 지식 베이스는 포기하고, 구성원들에게 업무 문서를 제대로 작성하게 하고, 이런 문서들을 나중에 필요할 때 쉽게 검색할Searchable 수 있게 하는 수준에 머물러 있다.

일반적으로 연구개발 쪽 지식은 대부분의 회사에서 문서화가 잘되어 있다. 반면 공장에서의 현장 지식은 대부분 문서화되지 않은 암묵지暗默知• 형태로 현장 기술자의 머릿속 경험지식으로 존재한다. 이 암묵지는 소위 사수 - 조수로 이어지는 선배 기술자에서 후배 기술자로 전달되곤 한다.

이런 암묵지는 지식 공유라는 관점에서는 매우 부적절하지만, 대부분의 현장은 이런 암묵지 지식 공유의 형태에서 벗어나지 못하고 있다. 더욱 난처한 것은 이런 암묵지에 대한 효능이 현장의 해당 기술자들이 생각하는 것만큼 좋지 않은 경우도 있다는 데 있다. 하지만 이것이 형식지形式知 형태로 되어 있지 않아 그 효능 수준을 제대로 판별하기조차 쉽지 않다.

빅데이터와 AI를 활용하는 스마트팩토리에서는 이러한 문제점이 해결될 수 있다. 공장 현장 기술자들의 지식은 AI 알고리즘으로 만들어져 플랫폼상에 저장될 것이다. 공장을 운영하면서 데이터가 점점 더 쌓이게 되고, 이에 따라 알고리즘은 점차 더 정교해지고 개선된다. 결국 스마트팩토리를 진행함에 따라 현장의 암묵지는 점차 형식지로 자연스레 바뀌게 되고, 이 형식지는 빅데이터와 AI의 반복 적용을 통해서 점점 개선된다. 이 과정에서 암묵지에 대한 실제 효능도 검증할 수 있게 되고, 몇몇 현장 기술자에게 의존하는 속인성屬人性도 자연스레 해소된다.

이렇게 스마트팩토리를 통하여 그간 말만 무성하였지만, 현장에서는 거의 진전이 없었던 지식 베이스가 자연스럽게 생성

• 암묵지(Tacit knowledge)는 학습과 경험을 통해 개인에게는 습득되어 있지만, 겉으로는 표현되어 있지 않은 경험 지식을 말한다. 이와 대별되는 개념으로 형식지(Explicit knowledge)가 있다.

될 수 있고 또 자연스럽게 갱신될 수 있다. 이것은 스마트팩토리를 진행하는 업체와 그렇지 못한 업체 사이의 디지털 전환에 따른 격차를 더욱 벌려놓는다.

3D 업종에서 벗어나는 제조업

스마트팩토리로 기대하지 않던 또 다른 망외望外 소득도 얻을 수 있다. 최근 제조업은 젊은이들이 기피하는 소위 3D 업종이 되고 있다. 따라서 지금의 나이 든 현장 숙련 기술자들이 은퇴하면 그 뒤를 이을 현장 기술자를 찾기 힘든 상황이다. 그런데 스마트팩토리를 진행하면 은퇴를 앞둔 숙련 기술자들이 보유한 현장 지식은 대부분 플랫폼에 남게 되므로, 그런 걱정을 할 필요가 없어진다.

아울러 앞으로는 점차 공장의 현장 기술자들이 단순히 설비를 동작시키고 유지·보수하는 업무에서 벗어나, 빅데이터와 AI를 다루게 된다. 이에 따라 신기술을 배우고자 하는 젊은 엔지니어들이 현장을 선호할 가능성이 커진다.

실제로 포스코 현장에 스마트팩토리를 적용한 경험에 따르면, 초기에 중간 간부들의 참여도는 미진했지만, 젊은 엔지니어들의 참여도는 기대 이상으로 높았다. 제조업의 근간이 될 미래 신기술을 앞서 배워서 개인 경쟁력을 높이겠다는 젊은 엔지니어들의 생각을 엿볼 수 있었다. 이런 젊은 엔지니어들의 호응이 나아가서는 중간 간부들에게까지 영향을 미쳐서, 그들의 참여까지 자연스레 독려하게 되었다.

스마트팩토리 플랫폼

스마트팩토리 플랫폼Smart Factory Platform을 무슨 어려운 IT 기술처럼 생각할 필요가 없다. 스마트팩토리 플랫폼이란 IT 전문가가 아닌 현장의 도메인 전문가가 스마트팩토리에 필요한 제반 IT 기술을 쉽게 사용할 수 있도록 해주는 운영 시스템Operating System을 말한다. 예를 들어 스마트폰을 사용하는 사람은 소위 스마트폰의 운영 시스템이라는 구글의 안드로이드Android나 애플의 IOS를 모르고도 스마트폰을 사용하는 데 전혀 지장이 없다. 마찬가지로 SNS를 사용하면서 SNS 플랫폼에 신경을 쓰는 사용자는 거의 없다.

이와 마찬가지로 스마트팩토리가 제대로 되려면 현장 기술자가 스마트팩토리에 필요한 어려운 IT 기술을 알지 못하더라도 자기가 원하는 식으로 공장을 스마트하게 운용할 수 있어야 한다. 이런 기능을 스마트팩토리에 제공해주는 것이 스마트팩토리 플랫폼이다.

예를 들면 어떤 데이터가 필요할 때 현장 기술자가 센서에 연결하여 직접 데이터를 얻는 것이 아니고, 플랫폼 화면의 가상 데이터베이스에서 마우스 클릭만으로 필요한 데이터를 끌어올 수 있다. 빅데이터와 AI 분석도 마찬가지다. 플랫폼에는 스마트팩토리에 필요한 빅데이터와 AI 소프트웨어들이 미리 준비되어 있어, 원하는 알고리즘을 선택하여 여기에 데이터만 끌어다 놓는 것으로 필요한 분석과 제어를 할 수 있다. 그 분석과 제어의 결과도 현장 기술자들이 쉽게 이해할 수 있는 데이터 시각화Data Visualization 형태로 마우스 클릭 몇 번으로 간편하게 표현할 수 있게 한다.

요약하면, 스마트팩토리 플랫폼은,

- IT 관점에서, 전체 스마트팩토리를 체계적으로 움직이게 하고,
- 도메인 관점에서, 현장에서 스마트팩토리를 쉽게 적용하고 운용할 수 있게 하고,
- 경영 관점에서, 스마트팩토리의 성과를 쉽게 모니터하고 평가할 수 있게 한다.

스마트팩토리 플랫폼 현황

이런 스마트팩토리 플랫폼으로 잘 알려진 것으로는 GE의 Predix, 지멘스Siemens의 MindSphere, 포스코의 PosFrame 등이 있다. 그리고 ABB, 보쉬Bosch, 히타치Hitachi, PTC, SAP 등 여러 회사도 스마트팩토리 플랫폼을 개발하고 있다. 이런 플랫

그림 2-5 공장 제어의 개념적 구조

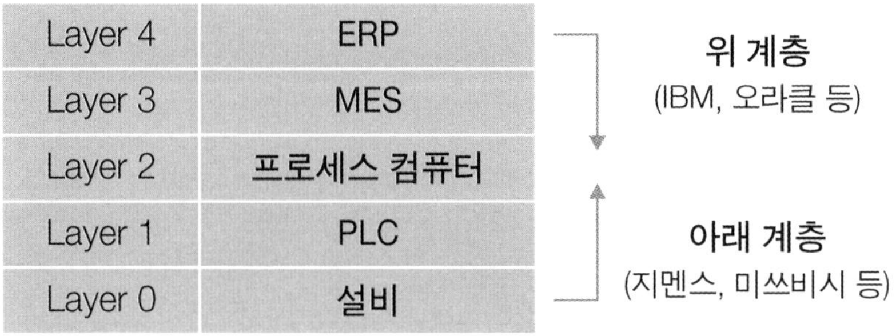

폼들은 스마트팩토리에 필요한 기능을 상당히 구현하고 있으나, 모든 산업 영역에서 누구나 쉽게 범용적으로 가져다 쓸 수 있는 스마트팩토리 플랫폼은 아직 제대로 구현되지 못한 상태이고, 나름의 한계성을 가지고 있다.

플랫폼의 구현 수준을 살펴보기에 앞서, 제조업에서의 공장을 제어하는 개념적 구조를 먼저 살펴보자.

공장 제어의 개념적 구조는 그림 2-5처럼 여러 계층으로 이뤄져 있다. 크게 보면 아래 계층Lower Layers과 위 계층Upper Layers으로 구성되어 있다. 아래 계층의 Layer 0은 물리적 설비를 지칭하고, Layer 1은 설비에 직접 연결되어 설비를 동작시키는 장치인 PLCProgrammable Logic Controller를 지칭하며, Layer 2는 어떤 공정에 필요한 여러 설비의 PLC를 한꺼번에 제어하여 해당 공정을 가능하게 하는 프로세스 컴퓨터Process Computer를 말한다.

위 계층의 Layer 4는 무엇을 언제 얼마나 생산할지 경영 행

위에 따른 생산을 계획하는 ERPEnterprise Resources Planning를 말하고, Layer 3은 이에 따라 실제 공장의 제반 설비를 어떻게 동작시킬지 계획하는 MESManufacturing Execution System를 말한다.

앞의 설명에서 알 수 있다시피, 아래 계층은 주로 설비와 연관되어 있어서 설비 제조 업체들이 이에 대한 지식을 많이 보유하고 있다. 반면 위 계층은 주로 경영을 위한 IT와 연관되어 있어서 IT 업체들이 이에 대한 지식을 많이 보유하고 있다. 예를 들면, 지멘스가 아래 계층에, IBM이 위 계층에 뛰어나다.

스마트팩토리 플랫폼을 제대로 만들려면 아래 계층과 위 계층에 대한 지식 모두가 필요하다. 그런데 아직 전 세계에서 설비와 IT 모두에 해박한 지식을 가진 업체가 거의 없다.* 이것이 아직 누구나 쉽게 활용할 수 있는 쉬운 스마트팩토리 플랫폼이 구현되지 못한 이유 중 하나이다.

현재 구현돼 있는 몇 가지 스마트 팩토리 플랫폼을 살펴보자. GE가 제조업과 IT를 뛰어난 수준으로 하고 있고, 아래 계층과 위 계층 모두에 지식이 있으며, 스마트 팩토리의 선두 주자이기도 하여서, GE의 Predix는 상당한 수준에 올라서 있다. Predix는 GE가 제조하는 설비에 먼저 적용하는 것을 생각하

* 포스코 ICT는 공장 자동화와 시스템 통합 두 가지 영역 모두를 사업으로 하고 있어, 설비와 IT 둘 다에 지식을 갖춘 세계적으로 몇 안 되는 기업이다. 이런 경쟁력 때문에 포스코 ICT가 스마트팩토리에서 앞설 수 있었다.

였기에 모듬 처리Batch Processing• 에 강점을 두고 설계되어 있으며, 그 복잡도는 대기업이 아닌 중소·중견기업이 사용하기에는 조금 무거운 편이다. 지멘스의 MindSphere는 지멘스가 세계 최고 설비 제조 업체의 하나인 만큼 아래 계층에 상당히 강점이 있다. 그 외에 PTC의 ThingWorx가 좋은 평가를 받고 있으며, ABB의 Ability와 SAP의 Leonardo도 눈여겨볼 스마트팩토리 플랫폼이다.

PosFrame: 포스코 스마트팩토리 플랫폼

스마트팩토리의 세계 등대공장Lighthouse Factory으로 선정된 포스코의 스마트팩토리 플랫폼인 PosFrame도 눈여겨볼 만하다.•• 포스코 ICT가 철강 공정을 위하여 개발한 PosFrame은 그 구조가 단순하면서도 아래 계층과 위 계층에 대한 기능 모두를 보유하고 있으며, 설비를 동작시키면서도 바로 제어할 수 있는 실시간Real-time 제어 기능도 보유하고 있다.

그리고 대부분의 소프트웨어가 국제 표준에 기초한 오픈 소스Open Source에 기반을 두고 개발되어 있어, 앞으로 스마트팩토

• 데이터를 실시간으로 처리하는 것이 아닌, 데이터를 모았다가 사후에 처리하는 것을 말한다. 예를 들면, 비행기 엔진 동작 데이터를 비행 중에 모았다가 나중에 비행기 착륙 후에 한꺼번에 분석하는 경우 등이다.

•• 포스코 스마트팩토리는 2019년 7월 세계경제포럼(World Economic Forum, 다보스포럼)에서 글로벌 제조업의 미래를 선도하는 세계 등대공장(Lighthouse Factory)에 선정됐다.

그림 2-6 포스코의 스마트팩토리 플랫폼인 PosFrame의 개념적 구조

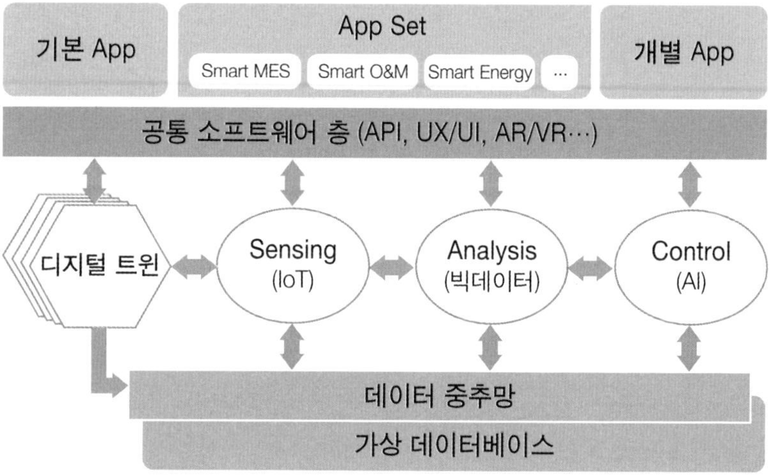

리 플랫폼이 국제 표준화되어나갈 때 발 빠르고 효율적으로 대처해나갈 수 있다. 그리고 그 복잡도도 무겁지 않아 중소·중견기업에서도 부담 없이 활용할 수 있다.

그림 2-6은 포스코 스마트팩토리 플랫폼인 PosFrame의 개념적 구조를 보여준다. 설비의 디지털 트윈들로부터 IoT를 통하여 데이터를 받아서, 빅데이터와 AI를 활용, 분석, 제어하는 개념이다. 이 모든 것들은 하나의 데이터 중추망을 통하여 서로 연결되어 있고, 모든 데이터는 실제 존재하는 위치와 관계없이 하나의 가상 데이터베이스에서 접속할 수 있다.

그 위에 공통 소프트웨어 층을 두어서, 이 층에서 플랫폼상에서 동작하는 여러 App 형태의 응용 소프트웨어들과의 표준

인터페이스Application Protocol Interface(API)를 제공한다. 플랫폼에서 필요한 다른 공통 기능인 UI/UX와 AR/VR 기능 등도 이 층에서 제공한다.

그 위에 App 형태로 구성된 응용 소프트웨어들이 놓인다. 이것들은 플랫폼이 자체적으로 제공하는 기본 AppResidential App, 공장 운영에 관련된 큰 기능들을 묶어 놓은 App Set, 개별적인 작은 응용 기능인 개별 AppIndividual App들로 구성된다.

스마트팩토리의 App 중에서 공장 운영의 큰 기능을 담당하는 것이 App Set들이고, 그중에서 가장 중요한 것이 Smart MES App이다. MESManufacturing Execution System는 생산·실행·관리 시스템으로, ERP의 생산 계획에 따라 원하는 제품이 적시에 생산되도록 설비를 제어하여 생산·실행을 최적화한다.

실제 현장에서의 MES 구현 수준을 살펴보면, 그 수준은 회사별로 천차만별이다. 대체로 ERP와의 연동이 미흡하고, 조업 상황을 실시간으로 파악하지 못하고, 설비들은 통합 운영되지 못한 채 따로따로 작동하는 수준에 머물러 있다.

PosFrame의 스마트 MES에서는 IoT, 빅데이터, AI를 통해 현장의 생산 현황 데이터가 한눈에 보이고, 표준화되어 통합 관리되고, 분석되어 통찰을 얻게 된다. 이에 따라 전 생산 공정이 지능적으로 제어되며, 고객의 요구 또한 ERP를 통해 실시간 반영된다. 이런 각 기능을 수행하는 개별 App들의 조합으로 구성되어 있다 하여 Smart MES App Set이라고 부른다.

이 PosFrame의 취약점이라면 철강 공정을 위한 연속공정을 대상으로 개발되었기 때문에, 제조업 중에서 철강이나 화학 같은 연속 공정Continuous Process에는 적합하나, 전자제품 조립 라인 같은 조립 공정Discrete Process에는 취약하다. 그러나 플랫폼 기본 구조는 연속 공정이나 조립 공정과 관계없이 동일하므로, 조립 공정의 전문가가 뛰어들면 PosFrame을 조립 공정으로도 쉽게 전환할 수 있을 것이다.

한국은 제조업 역량은 물론 IT 수준도 세계적이라, 스마트팩토리 플랫폼을 개발하기에는 더할 나위 없이 좋은 환경을 갖추고 있다. 또한 다양한 제조업이 공존하고 있어, 개발된 플랫폼을 적용해 볼 대상도 충분하다. 포스코 ICT의 PosFrame 개발 성공에서 보았듯이, 스마트팩토리 플랫폼 개발이 분명 어려운 것이지만 한국 기술 수준으로도 충분히 가능하다.

스마트팩토리 플랫폼은 앞으로 4차산업혁명 시대의 운영 시스템 역할을 할 매우 중요한 기술이며, 한국에는 이를 잘 해낼 수 있는 기반 환경이 조성되어 있다. 따라서 이 플랫폼 기술을 국내 기업들이 국제적으로 앞서나갈 수 있도록 지원하는 국가적 차원의 정책이 필요하다.

스마트팩토리에 필요한 컴퓨팅 자원의 물리적 위치

스마트팩토리 플랫폼에 사용되는 컴퓨팅 자원은 개념적으

그림 2-7 스마트팩토리에 필요한 컴퓨팅 자원의 물리적 위치

로는 한 곳에 있는 것처럼 보이지만, 물리적으로는 여러 곳에 분산되어 있다. 그림 2-7이 그런 예의 하나를 보여준다.

설비를 실시간으로 제어해야 하는 컴퓨팅 자원은 설비에 바로 연결되어 인접하여 위치하게 된다. Small AI로 설비를 실시간 제어하는 경우에도 마찬가지이다. 이런 컴퓨팅 자원을 에지 컴퓨팅Edge Computing이라 부른다. 최근 공장에서는 설비를 직접 제어하는 기존의 재래식 PLC를 고기능 산업용 PC로 대체하는 경우가 많다. 이 경우 컴퓨팅 파워가 충분하면 여기에 스마트 기능을 넣어 스마트 PLC로 만들어 에지 컴퓨팅 기능을 담당하게 할 수 있다.

공장 전체의 스마트팩토리를 관장하는 컴퓨팅 자원은 물리적으로 공장 내부에 위치하게 되고, 이것은 여러 에지 컴퓨팅과 연결되어 해당 공장 전체를 관장하는 현장 클라우드On-Premise Cloud 역할을 한다. 이를 클라우드Cloud로 부르는 이유

는 에지 컴퓨팅에서 필요한 컴퓨팅 자원 중에서 많은 것을 이 현장 클라우드로부터 가져와 쓰기 때문이다. 스마트팩토리 플랫폼의 근간은 이 현장 클라우드에 위치하게 되고, 따라서 스마트팩토리에서 필요한 모둠 처리Batch Processing와 대부분의 현장 기술자와의 UI/UX 상호 작용은 여기에서 일어난다.

여러 공장이 위치적으로 여러 곳에 떨어져 있거나, 생산계의 스마트팩토리를 경영계의 ERP와 연동시키기 위해서는 회사 전체를 관장하는 컴퓨팅 자원이 필요하다. 이것은 자체 보유한 사설 클라우드Private Cloud로 구성할 수도 있고 공공 클라우드Public Cloud를 활용할 수도 있다.

스마트팩토리 초기에는 많은 빅데이터와 AI 응용 소프트웨어를 공공 클라우드로부터 가져와 쓰는 경우가 많으므로, 공공 클라우드와의 연결이 필요하다. 이런 SaaS의 예가 클라우드에 있는 머신러닝 AIMachine Learning AI를 빌려 쓰는 경우로, 이를 MLaaSMachine Learning as a Service라고 부른다.

하지만 사용자의 개념적 스마트팩토리 플랫폼 입장에서는 컴퓨팅 자원이 물리적으로 위치한 곳은 그다지 중요하지 않다. 그보다는 UI/UX를 통하여 얼마나 더 잘 상호작용할 수 있는가가 더 중요하다. 컴퓨팅 자원의 물리적 위치는 IT 전문가에게 위임할 내용이다.

UI/UX (User Interface/User Experience)

UI/UX를 간단히 설명하면, 먼저 UI User Interface는 설비나 공정, 응용 소프트웨어에 대해서 이를 사용하는 사용자가 인지하기 편리하도록* 주로 시각적인 일관성Look&Feel을 가져가는 것을 말한다. 그 사용 방법을 어렵게 이해하려 들지 않아도, 보기만 하면 쉽게 인지할 수 있는 직관적인 형태의 UI가 좋은 UI로 선호된다.

UX User Experience는 한 번 사용 경험을 가진 사용자라면 관련된 대상을 같은 과거의 경험과 맥락에서 쉽게 사용할 수 있도록 하는 것을 의미한다. 각각 관련된 대상이 아무리 좋은 UI를 개별적으로 가졌다 하더라도 그것들의 UX가 다르면 사용자는 사용에 불편함을 느낀다. UI와 UX 둘 다 사용자의 편리성을 높이는 관점에서 요구되는 것으로, 크게는 한 범주로 봐도 무방하다.

소위 기술 전문가들이 스마트팩토리 같은 쉽지 않은 기술적 작업을 하면서 자주 등한시하는 게 UI/UX이다. 그런데 데이터이건 공정이건 입출력 상황이건 그것을 쉽게 볼 수 없다면 그것은 없는 것과 다름없고, 분석이건 제어이건 사용자가 쉽

---

* 이것에 대한 기술적 용어는 Cognitive Easy이다.

게 사용할 수 없다면 그것도 없는 것과 다름없다. 그래서 스마트팩토리를 성공적으로 이끌기 위해서는 도메인 지식과 IT 지식만큼이나 사용자 편리성을 위한 UI/UX가 중요하다.

예를 들어 데이터를 사용하기 위해서 현장 기술자에게 복잡한 작업을 거치게 해서는 안 된다. 앞에서 논의한 것처럼 플랫폼 화면의 가상 데이터베이스에서 마우스를 클릭하는 것만으로 필요한 데이터를 끌어올 수 있어야 한다. 빅데이터와 AI도 마찬가지다. 원하는 알고리즘을 선택하여 여기에 데이터만 끌어다 놓는 것으로 결과를 얻을 수 있어야 한다. 그 분석의 결과도 현장 기술자들이 이해할 수 있는 쉬운 그림과 도표 형태로 마우스 클릭 몇 번으로 쉽게 표현할 수 있어야 한다. 이런 작업을 총칭하여 데이터 시각화Data Visualization라 한다.

쉬운 UI/UX가 제공되어야 정말 쓸모 있는 스마트팩토리가 된다. 아무리 좋은 기술과 성능을 보유하였다 하더라도 현장 기술자가 사용하기 어렵다면 무용지물이다. 좋은 UI/UX를 만들기 위해서는 도메인과 IT의 융합이 필요하다. UI/UX는 IT 전문가가 만드나, 그것에 현장의 의견이 제대로 반영되지 않았다면 IT 관점에서 아무리 잘 설계된 UI/UX라 할지라도 실패하게 되어 있다.

PosFrame Workbench

스마트팩토리 UI/UX의 한 예로서, 포스코의 PosFrame Workbench 구조를 따라가 보자. 도메인 지식으로부터 어떤 추론을 거쳐서, 어떤 데이터를 활용하여, 어떤 빅데이터와 AI 모델링을 통하여, 어떤 통찰을 얻어, 어떻게 제어해보겠다는, 단위 과제에 대한 실행 방안이 우선 개념적으로 정리되면, PosFrame Workbench는 다음의 UI/UX 기능을 제공한다.

1. 단위 과제를 위한 초기 모델링 (Draft Modelling)
2. 데이터 선택 (Data Selection)
3. 데이터 전처리 (Data Pre-processing)
4. 분석, 통찰 및 제어 (Analysis, Insight and Control)
5. 모델링 개선 (Modelling Upgrade)
6. 데이터 시각화 (Data Visualization)
7. 지식 베이스 갱신 (Knowledge Base Update)

가장 먼저, Workbench에서는 추론한 것을 초기 모델링을 할 수 있도록 그래픽 형태의 UI를 제공한다. 그런 다음 이에 필요한 데이터를 가상 데이터베이스로부터 마우스로 끌어다 놓는 과정만으로 가져올 수 있게 한다. 만약 끌어온 데이터에 전처리 과정이 필요하면 이를 위한 UI를 제공한다.

이렇게 추론을 검증해보기 위한 데이터와 모델링이 준비되

그림 2-8 PosFrame Workbench 화면의 예

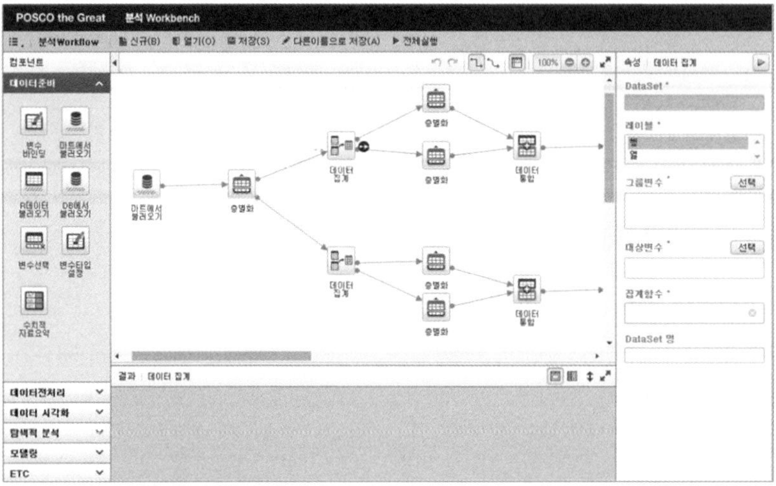

면, 데이터 분석과 통찰에 따른 제어를 조금씩 바꾸고 개선해 나갈 수 있도록 Workbench에서 UI를 제공한다. 이런 과정을 통하여 추론이 자연스레 개선되어 최종 모델에 이르게 된다. 그러면 그 결과물을 현장 기술자들이 보고 이해하기 쉽도록 시각화된 자료로 제공한다. 마지막으로 그 새로운 지식을 지식 베이스로 옮겨서 기존 지식을 갱신시키는 UI를 제공한다.

보안 (Security)

공장이 스마트팩토리가 되면서 더욱 어려워지는 것이 보안 Security 문제이다. 스마트팩토리가 아닐 때는 공장을 제어할 수

있는 사람은 공장 안에 있는 현장 기술자로 물리적으로 제한되지만, 공장이 스마트팩토리가 되면서 네트워크로 연결된 존재이면 그것이 사람이건 기계이건 모두 공장을 제어할 수 있게 된다. 따라서 원치 않는 침범 현상을 방지하기 위해 스마트팩토리에서는 보안에 각별히 신경을 써야 한다. 어떤 범위에서 어떤 것을 어떤 네트워크상에서 허용해야 할지를 도메인 전문가가 결정하여야 하고, 이에 맞추어 IT 전문가가 보안을 설계하여야 한다.

이 보안 문제 해결을 위하여 전 세계적으로 많은 보안 표준화 활동이 진행되고 있으나, 아직 범용적으로 안전한 보안 표준 확립은 미흡하다. 그래서 스마트팩토리 초기에 권장하는 보안 방안은 성벽Walled Castle 구조이다. 이 개념은 단순한 것으로, 스마트팩토리를 성벽으로 둘러싸서 성으로 만들고, 외부 접촉은 개방된 하나의 성문을 통해서만 하게 하고, 그 성문을 통과할 때 모든 필요한 보안 조치를 하도록 하는 것이다.

그림 2-9에서 보는 것처럼, 성안에서는(스마트팩토리 안에서는) 모든 것이 자유로워 스마트팩토리 기능에 제한 없이 접속이 가능하지만, 어떤 데이터나 제어 신호가 성을 넘어서려면 이것은 성문Gateway을 통해서만 가능하게 하고, 이 성문에서 필요한 모든 보안 조치를 하는 것이다.

성벽 구조는 스마트팩토리 기술이 발전하면서 제약 사항이 될 소지도 많지만, 초기에는 이 구조를 활용하는 게 좋다. 그

그림 2-9 성벽 구조: 스마트팩토리 초기 보안 구조

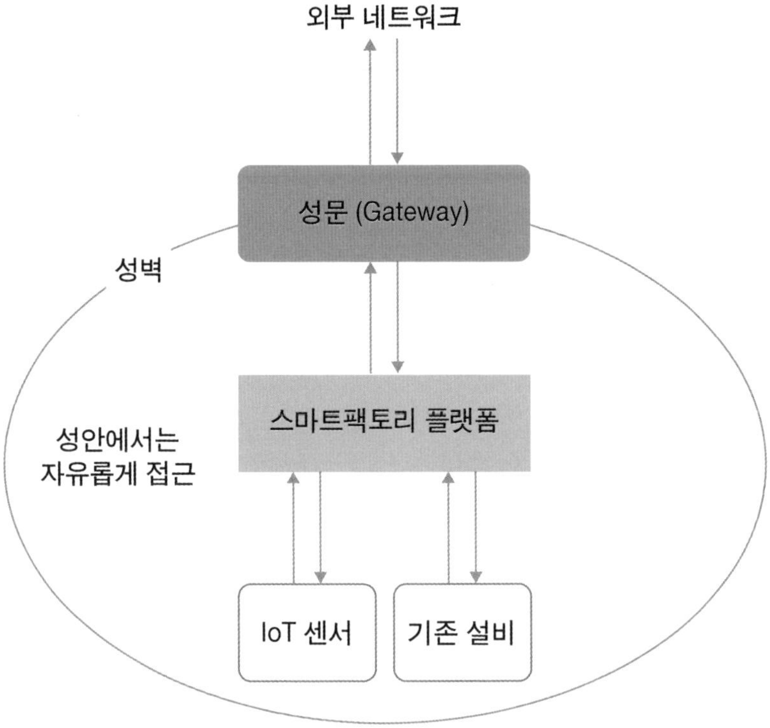

리고 점차 이 구조로써 스마트팩토리의 발전을 감당하기 어려운 수준이 되면, 그때는 IoT와 스마트팩토리의 보안 기술도 상당히 발전하였을 것이고, 그때 그런 새로운 보안 기술을 적용하면 될 것이다.

3장

스마트팩토리 도입 방안

- 스마트팩토리 이해
- 스마트팩토리 도입 절차
- 스마트팩토리 자체 수행 능력이 중요한 이유
- 중소·중견기업 스마트팩토리 지원책

제1장과 제2장에서 스마트팩토리의 기본 개념과 이에 필요한 첨단 IT 기술을 살펴보았다. 이 장에서는 앞서 살펴본 내용을 바탕으로, 기업이 스마트팩토리를 도입하기로 한다면 어디에 주안점을 두고, 무엇부터, 어떻게 시작해나갈지를 단계적으로 알아본다.

스마트팩토리 이해

현장에서 스마트팩토리를 시작하려 들면 흔히 갖게 되는 두 가지 궁금한 사항이 있다. 그 하나는 스마트팩토리와 공장 자동화의 차이이며, 다른 하나는 학문적 스마트팩토리와 기업 현장 스마트팩토리의 차이이다. 여기서는 이 차이를 먼저 살펴보며 기업 현장에 적용할 스마트팩토리에 대한 이해를 넓혀 나간다.

스마트팩토리와 공장 자동화의 차이

많은 현장 경영자들은 스마트팩토리가 공장 자동화Factory Automation와 어떻게 다른지 궁금해한다. 둘 다 공장을 자동화하기 위한 기술이고, 둘 다 IT 기술을 활용한다. 그래서 스마트팩토리란 단지 공장 자동화의 첨단 이름이 아닌가 생각하곤 한다. 그런데 둘 사이에는 근본적인 차이가 있다.

그 이해를 돕기 위하여 다음 예를 들어보자. 이제 컴퓨터를 사용하지 않는 기업은 거의 없다. 모두 사용한다. 그런데 어떤 기업은 재무 상황을 Excel로 회계 자료 작성하는 수준에서 컴퓨터를 사용한다. 반면 다른 기업은 ERPEnterprise Resource Planning를 사용하여 기업에서 돌아가는 모든 재무 상황을 한눈에 볼 수 있게 컴퓨터를 사용한다.

위의 두 기업 모두 컴퓨터를 사용한다고 해서 이들이 같은 수준인가? 아니다. 그 둘의 수준 차이는 엄청나다. 이런 관점에서 공장 자동화와 스마트팩토리의 차이를 살펴보면 된다. 전자가 Excel 수준이라면, 후자는 ERP 수준이다.

공장을 동작시키는 기술은 몇 단계를 거쳐 발전해왔다. 첫 단계에서는 인간이 손과 발을 사용하여 기계를 직접 동작시켰다. 이를 수동화 단계Manual Stage라 한다.

다음 단계에서는 인간의 손과 발 역할을 자동화된 기계가 대신하고, 자동화된 기계를 어떻게 동작시킬지를 인간이 머리로 생각해왔다. 이를 자동화 단계Automation Stage라 한다.

그다음 단계는 인간의 머리로 생각하던 역할까지도 AI가 과거의 동작 데이터로부터 보고 배워서 대신하는 단계다. 이를 디지털화 단계Digitalization Stage라 한다. 지금까지의 공장 자동화에서는 기계가 인간의 손과 발 역할을 대신해왔다면, 스마트팩토리에서는 AI와 융합된 기계가 인간의 손과 발뿐만 아니라 머리의 역할까지 대신하는 것이다.

표 3-1 공장 자동화와 스마트팩토리의 차이

공장 자동화	스마트팩토리
정해진 개념과 아이디어에 기반	데이터와 AI에 기반
초기 설정값을 바탕으로 동작	실시간 데이터를 활용하여 동작
설정 시 최선이나, 그 후 발전 정체	데이터가 쌓임에 따라 계속 발전
미리 알고 있던 지식에 한정	모르던 지식까지 새롭게 수용

공장 자동화와 스마트팩토리의 차이를 좀 더 기술적으로 설명하면 표 3-1과 같다.

공장 자동화에서는 미리 설계할 때에 정해진 개념과 아이디어에 따라 공장이 동작하지만, 스마트팩토리에서는 AI가 설비 동작 데이터를 보면서 마치 전문가가 설비 동작을 개선해나가듯이 공장을 동작시키게 된다. 따라서 공장 자동화에서는 초기 설정값에 기초하여 모든 경우에 같은 동작을 하게 되지만, 스마트팩토리에서는 실시간 데이터에 기초하여 상황에 맞는 최적의 동작 상태를 찾아나가게 된다.

공장 자동화에서는 설비의 동작 설정이 처음에는 최선이었는지 모르나, 그 후 발전이 없이 정체한다. 스마트팩토리에서는 설비가 동작함에 따라 더 많은 데이터가 쌓이고, 이에 따라 설비 동작이 계속 발전한다. 따라서 공장 자동화에서는 미리 알고 있던 지식에 한정되어 공장이 동작하지만, 스마트팩토리에서는 공장이 동작해나가면서 그간 모르던 지식까지 AI를 통하여 알게 되며, 이를 실시간 수용하여 발전해나간다.

공장에 미리 공장 자동화가 잘 되어 있으면 스마트팩토리를 시작하기 훨씬 수월하다. 하지만 스마트팩토리를 시작하기 위하여 꼭 공장 자동화를 선행할 필요는 없다. 마치 Excel을 미리 사용하지 않았다고 ERP를 시작하지 못할 이유가 없는 것과 마찬가지다. 따라서 스마트팩토리에 관심이 있지만, 아직 공장 자동화가 안 된 상태라면, 굳이 이 단계를 먼저 거칠 필요 없이, 건너뛰고 바로 스마트팩토리로 나아가도 좋다.

학문적 스마트팩토리와 기업 현장 스마트팩토리의 차이

기업에서 스마트팩토리를 적용할 때 인식해야 할 또 다른 중요한 사항은 표 3-2와 같이 학문적 스마트팩토리와 현실적 기업 현장 스마트팩토리의 차이를 인식하는 것이다.

앞으로 기술이 발전해나감에 따라 점차 학문적 스마트팩토리 모습으로 나아가겠지만, 지금 바로 현장에 적용할 스마트팩토리를 생각한다면, 그런 학문적 모습에 너무 얽매여 경직되지 말아야 한다.

지금 학문적으로 논의되고 있는 스마트팩토리를 있는 그대로 현재의 기업 현장에 바로 적용하여 성과를 얻는 것에는 무리가 따른다. 그중 현장에 실제로 적용하여 효과를 볼 수 있는 것부터 먼저 시작해야 한다. 정부의 정책에 이끌려서 무턱대

표 3-2 학문적 스마트팩토리와 기업 현장 스마트팩토리의 차이

학문적 스마트팩토리	기업 현장 스마트팩토리
Academic / Conceptual	Practical / Applicable
Policy-driven	Value-driven
IT 위주, 도메인 지식 중요성 경시	도메인과 IT 융합, 도메인 지식 중요성 중시
Big Bang 방식	Evolutionary Add-on Approach
엄격한 표준화 (Strict Standardization)	수용 가능한 표준화부터 시작 (Acceptable Quasi-Standardization)

고 스마트팩토리를 도입해서는 안 된다. 그것을 적용해서 어떤 가치를 얻을 것인지를 먼저 생각해야 한다.

IT 위주가 아닌, 도메인과 IT 융합의 중요성은 이미 충분히 설명하였다. 그리고 공장 전체를 한꺼번에 스마트팩토리로 만들겠다는 빅뱅Big Bang 방식의 접근은 투자 대비 성과를 얻기에는 매우 위험하다. 시간이 걸리더라도 차근차근 점진적으로 확장해나가는 Evolutionary Add-on 방식의 접근이 훨씬 현실적이다. 모든 영역에서 엄격한 표준화를 한꺼번에 이루겠다는 생각도 현실성이 없다. 표준 또한 수용할 수 있는 것에서부터 시작해서 점차 넓혀나가는 것이 바람직하다.

스마트팩토리 도입 절차

스마트팩토리를 기업 현장에 도입하려면 어떤 사항들을 미리 준비하여야 하고 어떤 자세와 절차를 가져가야 비용효율적으로 스마트팩토리를 도입할 수 있는지 살펴보자.

스마트팩토리 도입을 위한 준비 사항

스마트팩토리를 성공적으로 도입하려면 어디에 주안점을 두고 무엇부터 어떻게 시작해나가야 할까? 이를 위하여 다음 여섯 단계를 미리 숙고하여 준비하여야 한다.

1. 스마트팩토리 구조 정립
2. 스마트팩토리를 적용할 공정 선정
3. IoT 적용: 센서 장착 및 데이터 수집
4. 데이터 분석 및 AI 적용
5. 효과 분석
6. 지식 베이스 정립

첫 번째 '스마트팩토리 구조 정립' 단계는 전체 스마트팩토리 구조와 이에 필요한 IT 구조를 어떻게 가져갈 것인지 개념적 그림을 그리는 단계이다. 여기에서 고려해야 할 중요 사항은 센서, IoT, 데이터 중추망, 가상 데이터베이스, 디지털 트윈의 수준, 플랫폼 구조, 클라우드와의 연결, UI/UX, 보안 등이다. 이것들을 고려하여 자기 회사에 맞는 스마트팩토리 구조를 먼저 개념적으로 정립해두어야 한다.

두 번째 '스마트팩토리를 적용할 공정 선정' 단계에서는 앞서 정립한 구조를 바탕으로, 스마트팩토리를 적용하여 효과를 얻을 수 있을 선행 과제를 선정한다. 처음부터 모든 공정에 스마트팩토리를 적용하여 성공을 거두기는 쉽지 않다. 따라서 스마트팩토리를 적용하여 큰 효과를 쉽게 얻을 수 있는 공정을 먼저 선정하여 적용해보고 이에 성공을 거둔 다음, 이 성공의 경험을 점차 확대해나가는 게 바람직하다.•

이때 중요한 것은, 단지 공정 선정에 그치는 게 아니라, 선정한 공정에 어떻게 스마트팩토리를 적용하여 어떤 효과를 거둘지도 함께 추론하는 것이다. 추론이 뛰어날수록 스마트팩토리 적용으로 얻는 성과도 커지게 된다. 또한 추론이 정확하고 분석적일수록 이를 스마트팩토리로 구현해내기 위한 재무 비용도 정확히 산출할 수 있어, 재무적 측면에서 투자 대비 효과도 정확히 산출해낼 수 있다.

세 번째 'IoT 적용: 센서 장착 및 데이터 수집' 단계에서는

• 2019년 ≪하버드 비즈니스 리뷰≫ 7~8월호 기고문 "Digital doesn't have to be disruptive"가 Big Bang 방식이 아닌 Evolutionary Add-on 방식의 디지털 전환 접근법을 여러 산업 분야에 걸쳐 잘 논의하고 있다.

추론에 따라 필요한 데이터를 얻기 위하여 설비로부터 바로 데이터를 수집하거나, 또는 추가로 설비에 센서를 설치하여 필요한 데이터를 수집한다. 이렇게 수집된 데이터는 데이터 중추망을 통하여 스마트팩토리 플랫폼의 가상 데이터베이스로 전달된다. 이때 함께 고려되어야 할 사항은 수집된 데이터에 대한 데이터 청소Data Cleaning와 데이터 표준화이다.

네 번째 '데이터 분석 및 AI 적용' 단계에서는 이렇게 수집된 데이터들을 분석하여, 그간 알지 못했던 새로운 통찰Insight을 얻고, 이에 따라 AI를 적용하여 해당 공정을 개선해나간다. 실제의 데이터 분석과 AI 적용은 그 복잡도와 반응 속도에 따라 에지 컴퓨터Edge Computer에서 일어나기도 하고 플랫폼이 위치한 클라우드에서 일어나기도 한다. 이런 분석, 통찰, 제어 상황은 도메인 전문가들이 디자인한 UI/UX에 의해 플랫폼에서 현장 전문가와 상호작용하게 된다.

데이터를 분석하고 AI를 적용할 때 주의하여야 할 점은, 목적하고 있는 스마트팩토리의 최종 단계까지 처음부터 한꺼번에 도달하려 들지 않는 것이다. 스마트팩토리 도입 초기에는 빅데이터와 AI에 대한 경험이 부족하여, 무작정 달려들 때 낭비 요소가 크게 생길 수 있다. 바람직한 접근 방식은, 단위 공정에 Small Data와 Small AI를 적용하는 것부터 시작하여, 성공 경험을 쌓는 것이다. 이런 성공 경험을 키워서 점차 높은 단계로 수준을 높여나가서, 자신감과 경험이 충분해졌을 때 목적한 수준까지 옮겨가는 게 바람직하다.*

다섯 번째 '효과 분석' 단계도 중요하다. 스마트팩토리의 성공이란 기본적으로 투입 비용보다 공헌 이익이 크다는 걸 의미한다. 스마트팩토리를 하는 이유가 단지 미래 추세이기 때문이라거나, 다른 기업이 하기 때문이어서는 안 된다. 투자 대비 효율을 높이기 위해서는 정확한 투입 비용과 공헌 이익 분석이 필요하다. 이를 위해서는 해당 공정을 선정할 때 사용한 추론의 각 항목을 기술 전문가와 재무 전문가가 함께 분석하여, 그 성과를 측정할 수 있는 평가 기준Evaluation Metric을 마련하고, 이에 따라 실제 적용 결과를 평가할 수 있어야 한다.

이 효과 분석 결과에 따라 자신감을 가지고 스마트팩토리를 확대 적용하거나 더 복잡한 공정으로 전개할 수도 있고, 아니면 포기할 수도 있다.

한편, 스마트팩토리를 적용할 공정의 선정은 분명 잘 되었다고 자신하는데 효과가 부족한 경우가 있다. 이럴 때는 먼저 추론 그 자체와 추론 검증 과정을 다시 한번 면밀히 살펴봐야 한다. 추론이 잘못되면 스마트팩토리 적용 효과도 덩달아 떨어지게 되어 있기 때문이다.

---

* 딥러닝의 대가 앤드루 응(Andrew Ng)이 2019년 2월 6일 ≪하버드 비즈니스 리뷰≫에 기고한 "How to Choose Your First AI Project"가 현장에서 AI를 적용하는 단계적 방법론을 잘 설명하고 있다.

여섯 번째 '지식 베이스 정립' 단계는 대부분이 등한시하나, 실제 이것은 회사 전체에 간접적이지만 장기적으로 큰 공헌을 할 수 있는 사항이다. 앞선 다섯 단계를 거쳐서 스마트팩토리를 구축하게 되면 새롭고 값진 지식이 회사 내부 여기저기에 쌓이며 점점 개선된다. 이를 위한 데이터베이스도 이미 존재하고 있어 지식 베이스 구축에 큰 추가 비용이 들지 않는다.

지식 베이스 구축 뒤에 필요한 것이 지식 베이스 한 곳으로 지식을 모으고 갱신해나가서, 회사 구성원 누구나 쉽게 접근하고 활용할 수 있게 하는 것이다. 그들 모두가 지식 베이스를 원활히 활용하게 되면 회사와 구성원들의 능력은 나날이 발전하게 된다. 이렇게 되면 지식 베이스를 구축하지 못한 회사와 비교하여 디지털 전환에 따른 격차를 얻게 되면서 경쟁력 차이를 더 확실하게 벌릴 수 있다.

비용효율적 스마트팩토리 도입 방안

기업 현장에서 스마트팩토리를 성공적으로 시작하려면 'Think Big Act Small'과 'Evolutionary Add-on'의 두 가지 자세를 가져야 한다.

Think Big Act Small이란, 스마트팩토리 전체에 대한 큰 그림을 그린 뒤 그 바탕 위에 작은 성공을 만들어나가는 자세다. 이때는 먼저 발전하고자 하는 궁극적인 모습을 상정하고, 이를 어떻게 단계적으로 구현해나갈지 전체적으로 구상해야 한다. 그런 다음 크지 않으나 쉽게 성과를 낼 수 있으며 구성원들에게 좋은 예제가 될 수 있고 투자수익률Return on Investment(ROI)이 좋은 Small Quick Win 과제 몇 개를 찾아 실행하여 성과를 얻는다. 그런 뒤에 이런 성공 경험을 확산해나가야 한다.

Evolutionary Add-on이란, 스마트팩토리 전체를 한꺼번에 완성하겠다고 달려드는 Big Bang 방식이 아니라, 그 구성 요소들을 벽돌 쌓듯 하나씩 쌓아나가 전체를 완성하려는 자세이다. 이때 스마트팩토리가 실제 구현되는 모습은 스마트팩토리 적용이 확산되고 그 기능이 확장됨에 따라 점점 성장해나가는 모습이 된다. 따라서 스마트팩토리의 전체 구조와 플랫폼 구조는 먼저 하향식Top-down으로 주어지고, 구현과 성장은 그 주어진 구조에 기초하여 적용 분야와 기능들을 쌓아나가는 상향식Bottom-up이 된다.

스마트팩토리를 성공적으로 시작하기 위해서는 앞에서 언급한 여섯 단계 모두를 처음부터 고려해야 한다. 하지만 이 모든 단계에 처음부터 너무 깊이 들어가서 많은 투자를 진행하는 것은 부담이 된다. 성과에 자신을 갖기 전에 재무적 부담부터 떠안는 꼴이다. 따라서 앞서 제시한 여섯 단계에 대하여 어떤 단계는 처음부터 심도 있게 다루어야 하고, 다른 어떤 단계에서는 그 심도의 깊이를 단계에 따라 조정해야 한다.

Think Big Act Small

첫 번째 '스마트팩토리 구조 정립' 단계에서는 전체 스마트팩토리 구조와 필요한 IT의 체계적 구조를 비록 개념적일지라도 구체적으로 정립하는 게 중요하다. 목표하는 궁극적 모습을 상정하고, 이를 어떻게 단계적으로 구현할지 전체적·체계적으로 구상하고, 필요한 IT 구조까지 먼저 정립한다. 이런 초기 구상에는 큰 비용이 들지 않는다. 계획이지 실행이 아니기 때문이다. 하지만 이것이 잘되어 있을수록 훨씬 효과적으로 스마트팩토리를 실행할 수 있고, 비용 낭비도 줄일 수 있다. 하지만 실제 IT 투자는 아직 뒤로 미루는 게 바람직하다.

이렇게 스마트팩토리 구조에 대한 개념적 그림이 잘 그려져 있다면, 다음의 '스마트팩토리를 적용할 공정 선정' 단계가 무엇보다 중요하다. 다른 것에 앞서, 엄밀하고 분명한 추론과 분석을 통하여 성공을 거두기 쉽고 충분한 가치가 예상되는 Small Quick Win 과제를 먼저 선정해야 한다. 그 선정 기준으로는 다음 다섯 가지 사항을 고려한다.

1. 병목(Bottleneck)이 되는 공정
2. 필요한 데이터를 얻기 쉬운 공정
3. 스마트팩토리로 효과를 거둘 추론이 분명한 공정
4. Small Data, Small AI 등으로 구현이 용이한 공정
5. 높은 투자수익률이 예상되는 공정

이렇게 몇 개의 Small Quick Win 공정을 선정하고, 이것에 간단한 스마트팩토리를 적용하여 분명히 성과를 볼 수 있다는 확신이 생기면, 이를 스마트팩토리로 구현해나가기 위한 IT 투자를 진행한다. 이렇게 간단한 스마트팩토리 기술을 적용하여 먼저 성공을 거두고, 그 경험을 확산해나가는 것이 중소·중견기업에는 특히 중요하다. 왜냐하면 대기업과 달리 중소·중견기업에서는 투자 대비 효과를 장시간에 걸쳐 기다리기 어렵기 때문이다.

이런 성공적인 Small Quick Win 공정의 선정이 기업 현장에서의 스마트팩토리 실제 성공의 시발점이 된다. 이렇게 간단한 스마트팩토리를 시작할 때는, 다음 단계인 'IoT 적용'과 '데이터 분석 및 AI 적용'에 소요되는 IT 비용도 많지 않아, 스마트팩토리 성공 경험을 큰 부담 없이 시작해 볼 수 있다.

Evolutionary Add-on

앞에서 논의한 바에 따라 스마트팩토리를 처음 적용할 과제를 선정하였다면, 다음은 스마트팩토리의 전체 구조를 단계적으로 구축해야 한다. 하향식Top-down으로 정립된 스마트팩토리 구조에 맞추어 각 단계에서 요구되는 기능을 상향식Bottom-up으로 하나씩 쌓아나가는 Evolutionary Add-on 방식이다. 이때 고려해야 할 주요 사항은 다음 여섯 가지이다.

1. 데이터 중추망
2. 가상 데이터베이스
3. 클라우드
4. 스마트팩토리 플랫폼
5. UI/UX
6. 보안

데이터 중추망이 중요한 이유는 어디서 수집된 어떤 데이터라도 이를 데이터 중추망에 연결만 해두면, 스마트팩토리 플랫폼의 가상 데이터베이스에 바로 전달되어, 플랫폼에서 그 데이터들을 쉽게 접속하여 분석할 수 있기 때문이다. 여기서는 네트워킹 기술이 중요하고, 이는 IT 전문가의 영역이다.

가상 데이터베이스는 해당 데이터가 실제 어디에 위치하든 현장 기술자에게는 마치 이들 데이터가 플랫폼 한 곳에 모두 모여 있는 것처럼 보이게 한다. 스마트팩토리에서 데이터가 실제 위치하는 곳은 데이터의 성격에 따라 설비이거나, 설비에 연결된 에지 컴퓨터Edge Computer이거나, 스마트팩토리 플랫폼일 수 있다. 하지만 실제 어디에 위치한 데이터이건 가상 데이터베이스를 통해 필요할 때 마우스 클릭만으로 모두 관찰하고 분석할 수 있다. 여기서는 데이터베이스 기술이 중요하고, 이는 IT 전문가의 영역이다.

클라우드는 스마트팩토리를 도입하여 빅데이터 분석을 하고 AI를 적용할 때 도움을 준다. 빅데이터 적용이나 AI 분석에 필요한 하드웨어나 소프트웨어를 바로 구매하기보다는, 외부 클라우드 서비스를 빌려서 사용해보고, 적용 가치가 확실해졌을 때 구매하여 사용한다. 클라우드 서비스를 사용할 때는 외부 클라우드와 스마트팩토리를 어떻게 연결할지 생각해야 하는데,• 이는 IT 전문가가 해결할 사항이다.

스마트팩토리 플랫폼은 이런 제반 스마트팩토리 기능을 현장 기술자들이 쉽게 활용하도록 해준다. 이것을 기업에서 자체 개발하기에는 IT 기술 난이도가 높아 여러 어려움이 따른다. 시중에는 아직 완전하지는 않으나 이미 개발되어 활용되고 있는 여러 스마트팩토리 플랫폼이 있다. 그중에서 복잡하지 않은 경량형 플랫폼이면서도, 앞으로 스마트팩토리 기술 발전이나 확장에 따른 진화가 쉽고, 같은 산업군에서 성능이 증명된 스마트팩토리 플랫폼을 선택하여 사용한다.

UI/UX는 현장 기술자들이 스마트팩토리를 잘 활용할 수 있도록 돕는 역할을 한다. 스마트팩토리가 적용된 공정과 설비에 대한 입력, 출력, 동작 상태, 제어 상태 등의 데이터를 현장

• 네트워킹 속도, 클라우드 반응 속도, 설비 제어에 필요한 속도 등에 따라 응용 소프트웨어를 외부 클라우드에서 동작시킬 수도 있고, 스마트팩토리 내부로 끌어와 동작시킬 수도 있다.

기술자가 직관적으로 이해하기 쉽도록 알기 쉬운 그림 또는 도표 형태의 UI/UX로 제공하여야 한다. 이것이 앞에서 논의한 데이터 시각화Data Visualization다. 데이터가 시각화되지 않은 채 수치 형태로만 주어지면 현장 기술자가 이를 이해하기 어렵다. 데이터를 어떻게 시각화하여 보여줄지 도메인 전문가가 규정하여야 하고, 이에 맞추어 IT 전문가가 구현해야 한다.

보안 해결책으로는 국제적 스마트팩토리 보안 표준안이 정립되기까지는 앞서 논의한 성벽 구조 활용을 권한다. 이 방안이 스마트팩토리 초기에는 제일 간편하고 효과적이다. 이를 효율적으로 적용하기 위해서는 외부에서 스마트팩토리를 모니터링하는 수준과 제어하는 수준에 차이를 둘 수밖에 없다. 당연히 모니터링보다 제어가 훨씬 엄격하게 규제되어야 한다. 성벽 외부에서 스마트팩토리에 접속할 때는 어떤 사람에게 어떤 내용에 대해서 어떤 범위로 어떤 모니터링 권한과 어떤 제어 권한을 줄 것인가를 도메인 전문가가 결정하여, 그 요구사항을 IT 전문가에게 전달하여, 외부에서의 스마트팩토리 접속 권한을 엄격히 통제할 수 있도록 하여야 한다.

단계적으로 성장하는 스마트팩토리

스마트팩토리를 단위 공정에서 시작하여 점차 확대 발전시키는 예로서, 다음과 같은 단계적 성장 모습을 그려 볼 수 있다. 이런 단계적 성장 모습을 구체적으로 살펴보자.

1단계: 단위 공정 스마트팩토리
2단계: 클라우드를 이용하는 단위 공정 스마트팩토리
3단계: 복수 공정 스마트팩토리
4단계: 플랫폼 수준의 스마트팩토리

1단계: 단위 공정 스마트팩토리

이 단계에서는 설비의 기존 데이터를 그대로 사용하거나, 추가로 필요한 데이터가 있으면 센서를 새롭게 장착하여 필요한 데이터를 얻는다. 그런 다음, 설비에 연결된 에지 컴퓨터에 Small AI를 장착하여, 단위 설비와 단위 공정의 스마트화를 이룬다. 이때 데이터 중추망과 가상 데이터베이스는 아직 고려할 필요가 없으며, 현장 기술자를 위한 UI/UX는 에지 컴퓨터에서 처리한다.

그림 3-1 1단계: 단위 공정 스마트팩토리

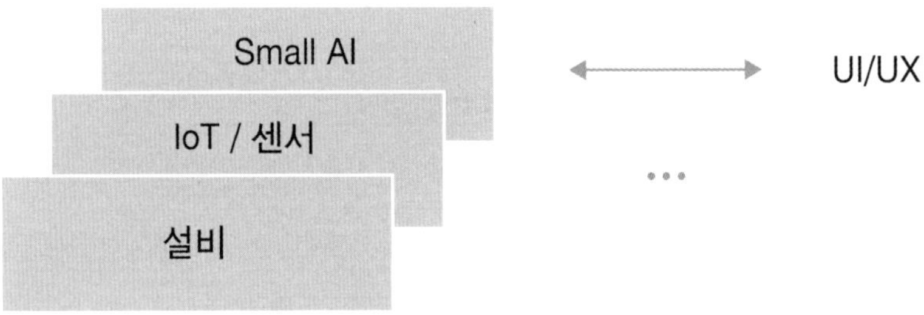

2단계: 클라우드를 이용하는 단위 공정 스마트팩토리

단위 설비에 연결된 에지 컴퓨터에서 처리하기 힘든 AI의 경우 클라우드의 하드웨어나 소프트웨어를 활용해야 한다. 이 단계에서는 에지 컴퓨터와 클라우드를 어떻게 연결할지 생각해야 한다.• 클라우드는 외부 공공 클라우드Public Cloud일 수도 있고 회사 내부 사설 클라우드Private Cloud일 수도 있다. 회사 내부에서 자체 보유한 사설 클라우드와 연결할 때는 보안 문제를 아직 고민할 필요가 없지만, 외부 공공 클라우드와 연결할

그림 3-2 2단계: 클라우드를 이용하는 단위 공정 스마트팩토리

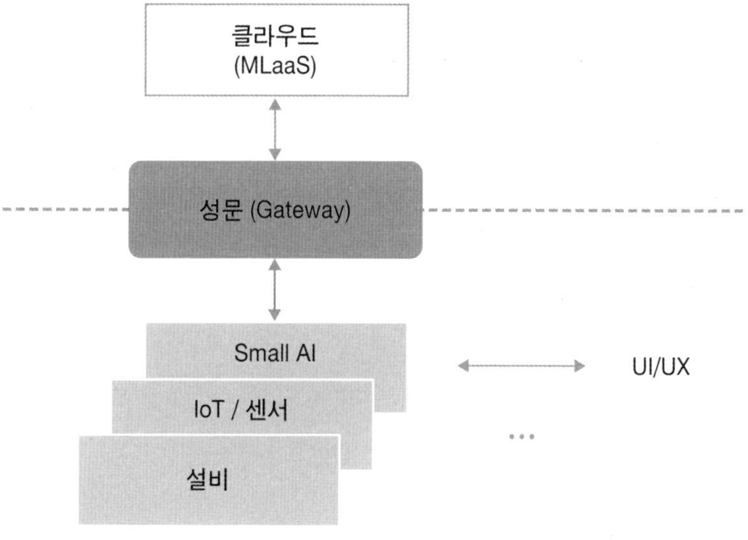

• 공정이 매우 빨라서 실시간 제어가 필요할 때는, 클라우드와의 네트워킹 속도와 클라우드에서의 처리 속도도 고민해야 한다.

때는 보안 문제에 대한 해결책을 가져야 한다. 초기에는 앞서 기술한 것처럼 성벽Walled Castle 구조를 적용하여 에지 컴퓨터를 성문Gateway을 통하여 외부 공공 클라우드와 연결한다.

3단계: 복수 공정 스마트팩토리

단위 공정 스마트팩토리에서 성과를 거두어 이를 몇 가지 복수 공정으로 확대하고 싶을 때는 스마트팩토리 플랫폼을 적용하는 수준으로 한 번에 넘어가지 말고 그 중간 단계로 에지 서버Edge Server•를 활용하는 것을 권한다. 에지 서버란 수용 능력과 기능에 있어서 스마트팩토리 플랫폼의 간단한 버전으로 보면 된다.

이렇게 중간 단계를 권하는 이유는 하나의 단위 공정에서 스마트팩토리의 효과를 거두었다 할지라도, 이것을 한꺼번에 확산시키기에 앞서 짚고 넘어가야 할 여러 사항이 있기 때문이다. 여러 공정의 데이터를 쉽게 수용하고 접속하기 위한 데이터 중추망과 가상 데이터베이스를 어떻게 할지를 생각하여야 하고, 스마트팩토리를 복수의 공정으로 확대하면서 재무적 효과가 어떻게 달라지는지도 검증해야 한다. 그리고 현장 기술자를 위한 UI/UX는 에지 서버 한곳에서 처리하는 것이 바람직하다.

• 공장 현장에 주로 있다고 하여 On-premise Server라고도 부른다.

그림 3-3 3단계: 복수 공정 스마트팩토리

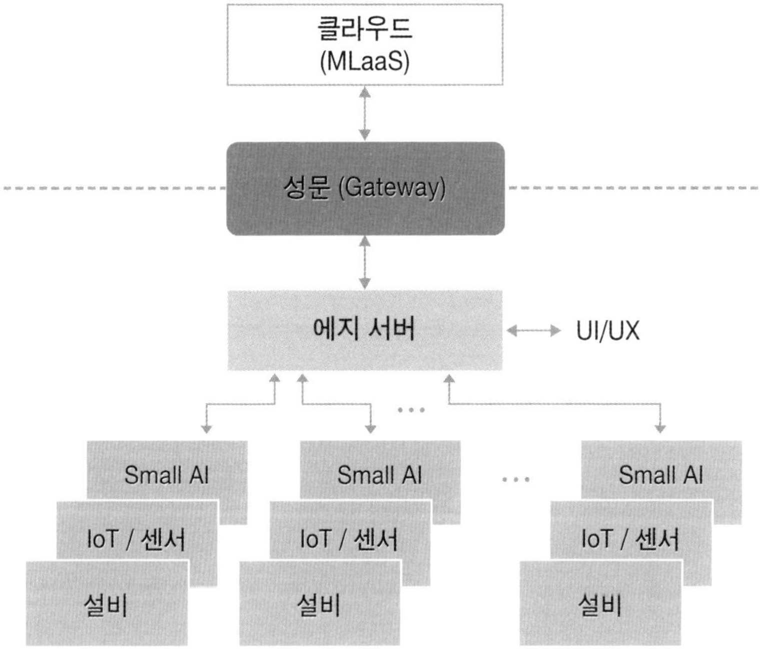

4단계: 플랫폼 수준의 스마트팩토리

스마트팩토리를 전 공정으로 확대하기로 하고, 데이터 중추망과 가상 데이터베이스의 구조도 완성되었다면 이제 스마트팩토리 플랫폼을 도입할 단계이다. 이 경우 각 단위 공정을 제어하는 에지 컴퓨터는 필요에 따라 에지 서버를 통하여 스마트팩토리 플랫폼에 연결될 수도 있고, 또는 직접 연결될 수도 있다.

에지 서버는 주로 설비에 인접한 현장에 있고, 스마트팩토리 플랫폼은 보통 현장에서 떨어져서 공장 전체를 제어하는

그림 3-4 플랫폼 수준의 스마트팩토리

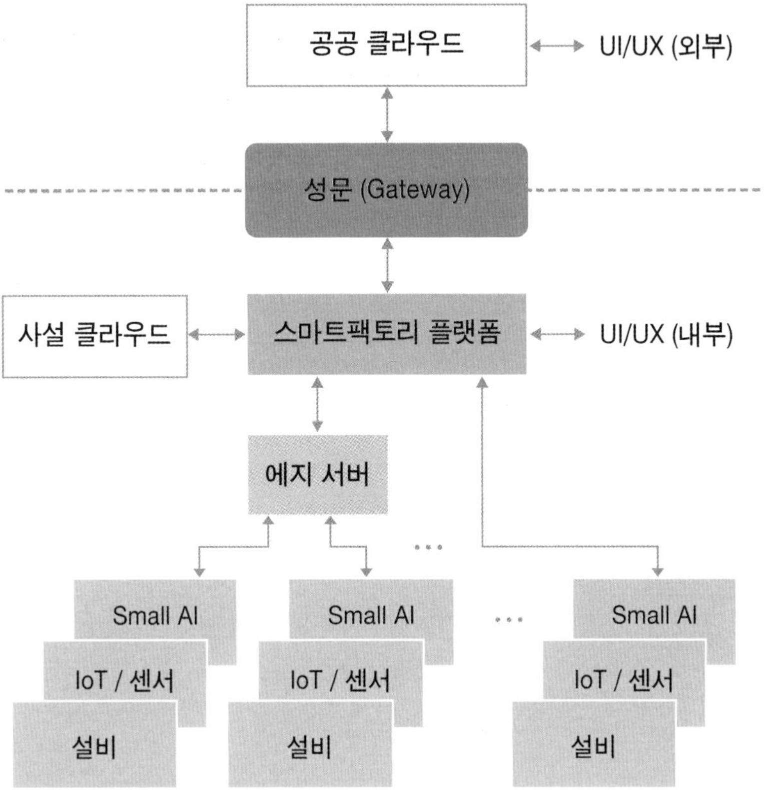

곳에 있게 된다. 따라서 매우 빠른 실시간 제어가 요구되는 경우는 현장에 위치한 에지 서버가 필요한 중간 역할을 하게 되고, 그렇지 않은 경우는 에지 서버를 거치지 않고 바로 스마트팩토리 플랫폼에 연결된다.

이 단계가 되면 기능에 따라 아직 외부 공공 클라우드를 사용할 수도 있지만, 이미 성능과 소요가 충분히 검증된 하드웨어나 소프트웨어는 구매하여 회사 내부 사설 클라우드에 위치시키게 된다. 그래서 이 단계에서는 보통 두 가지 클라우드를 모두 사용한다. 외부 공공 클라우드를 사용할 때는 보안을 위하여 꼭 성문Gateway을 거치도록 한다.

현장 기술자를 위한 UI/UX는 공장 내부에서는 스마트팩토리 플랫폼 한곳에서 처리하게 된다. 하지만 이런 플랫폼 수준의 스마트팩토리에 이르면 공장 외부에서도 UI/UX가 허용되어야 한다. 이것은 주로 외부 공공 클라우드를 거쳐서 내부 플랫폼으로 연결되게 되며, 이 경우에도 보안은 중요한 문제가 된다.

지금까지 1 → 2 → 3 → 4단계로 스마트팩토리 단계별 성장 방안을 논의해보았다. 하지만 실제로는 여러 다른 모습의 단계별 성장 방안이 있을 수 있다. 예를 들어 1 → 3→ 2 → 4단계 순서로 성장할 수도 있다. (이 경우 클라우드 활용은 3단계가 아닌, 뒤따르는 2단계에서 적용한다.) 그리고 중간 단계를 건너뛰고 1 → 2 → 4단계 순서로 또는 1 → 3 → 4단계 순서로 성장할 수도 있다.

위의 예들을 잘 이해하면, 자기 공장에 가장 적합한 단계별 성장 방안이 무엇인지를 찾을 수 있다. 하지만 바로 4단계로 가거나, 1 → 4단계 순서로 가는 것은 스마트팩토리에 대한 실질적 이해가 부족한 채로 많은 투자를 재촉하는 결과가 될 수 있으니, 충분한 자신이 없다면 가급적 지양하기를 권한다.

스마트팩토리 자체 수행 능력이 중요한 이유

설비 제조 업체가 기업을 찾아와서는 자기 설비만 사용하면 공장을 스마트팩토리로 만들어줄 수 있다고 주장하는 경우를 흔히 보게 된다. 현장 기술자들은 설비 제조 업체가 설비에 대하여 잘 알고 있을 테니, 이것이 좋은 대안이지 않을까 하는 유혹에 빠져들곤 한다. 그런데 그들의 주장을 그대로 받아들여야 할까?

설비 제조 업체에 의존하면 발생하는 문제점

설비 제조 업체에게 스마트팩토리를 의존하게 되면 당면하게 되는 몇 가지 숨겨진 진실이 있다.

- 설비 성능에 관한 주장
- 단위 공정이 아닌 복합 공정의 중요성
- 같은 설비를 사용하는 경쟁사 대비 경쟁력

설비 제조 업체들이 자기가 제작한 설비를 잘 알고 있는 건 당연하다. 그런데 여기서 문제는 그들이 자기 설비를 사용하면 A급 성능을 가질 수 있다고 주장한다는 데 있다. 실제로는 그렇지 못한 경우가 허다한데 말이다.

A급 성능을 갖기 위해서는 단지 설비 자체에 대한 지식뿐만

아니라 이것을 사용하는 공정에 대한 지식 또한 필요하다. 그런데 그들은 이런 공정에 대한 지식이 대부분 충분하지 못하다.* 대개 현장의 뛰어난 기술자들의 공정 지식에 미치지 못하는 B급 수준의 공정 지식을 가지고 있을 뿐이다. 그런 부족한 공정 지식에 기초한 설비 제조 업체에 스마트팩토리를 맡기면 B급 수준의 스마트팩토리를 얻게 된다.

대다수 공장에는 한 회사의 설비만 들어와 있는 것이 아니라 여러 회사의 설비가 함께 들어와 있다. 그런데 설비 제조 업체의 주장에 따라 설비마다 다른 개념과 다른 방식의 스마트팩토리를 가져가게 되면, 그것들이 모인 복합 공정의 경우에는 당연히 Smart Factory가 되기보다는 Stupid Factory가 될 수밖에 없다.

물론 스마트팩토리의 국제 표준화가 이루어지고 모든 설비 제조 업체들이 그런 국제 표준을 따른다면 이 문제는 상당 부분 해결되겠지만, 당분간은 요원한 일이다. 그래서 자기 공장에 적합한 스마트팩토리의 개념과 체계는 기업이 자체적으로 확립하여 설비 제조 업체에 전달하고, 이에 따라 그들이 설비에서 요구되는 필요한 선행 조치를 하도록 하여야 한다.

---

* 4차산업혁명 시대에 살아남기 위하여 거대 설비 제조 업체들은 이런 공정에 대한 지식을 높이려 안간힘을 쓴다. 그들이 설비를 제공할 때 설비 운용 데이터에 대한 접속 권리를 굳이 요구하는 이유가 이 때문이다.

스마트팩토리를 도입하는 이유는 다른 경쟁사보다 더 뛰어난 품질의 제품을 더 저렴하고 더 빠르게 생산하겠다는 의미다. 그런데 그런 생산 경쟁력이 기업의 자체 능력으로 확보되는 것이 아니라 설비 제조 업체로부터 주어지는 것이라면, 같은 설비를 사용하는 경쟁사와 어떤 차별점을 가져갈 수 있을지 의문이 생길 수밖에 없다. 그리고 그 경쟁력의 원천도 기업의 자체 능력이 아니라 설비 제조 업체에 좌우되는 것이라면, 기업 경쟁력을 자기가 아닌 남에게 맡기는 꼴이 되고 만다.

이와 같은 숨겨진 진실을 이겨내기 위해서 스마트팩토리는 당연히 기업이 자체적으로 개념을 잡아 그 체계를 구축하여 수행하는 것이 바람직하다. 물론 이 과정에서 설비 제조 업체나 전문 컨설턴트의 도움을 받을 수 있다. 그런데 기업의 본원적 경쟁력은 결코 자기가 아닌 남에게 휘둘려서는 안 되며, 외부 도움을 받더라도 그 기본에 대해서는 충분한 자체 역량을 갖추어야 한다. 그러므로 앞으로 상당 기간은 스마트팩토리의 도입이란 표준화된 PC를 기업에 도입해 사용하는 수준과는 전혀 다른 차원의 것임을 분명히 인식해야 한다.

다품종 대량생산 (Mass-Custom Production)

지금까지 제조업의 생산 공정에는 '다품종 소량생산Custom Production'과 '소품종 대량생산Mass Production' 두 가지 형태가 있었다. 두 가지 형태 아래서, 다품종 소량생산을 하는 공장에서 소품종 대량생산을 하는 것은 효율적이지 못하였다. 역으로 소품종 대량생산을 하는 공장에서 다품종 소량생산을 하는 것 또한 마찬가지로 비효율적이었다. 따라서 기업에서는 그 둘 중 하나를 선택할 수밖에 없는 상황에 놓여 있었다.

그런데 앞으로 대두되는 디지털 세대의 소비자들은 기업이 만들어서 제공하는 제품 중에서 그냥 어느 하나를 선택하는 것이 아니라, 자기만을 위해 만들어진 남과 다른 제품을 선택하는 쪽으로 바뀐다. 이런 새로운 디지털 소비 형태의 시대에서는 앞선 두 가지 형태의 생산 공정이 별개로 존재하게 되면 그 기업은 앞으로의 경쟁에서 살아남기 어렵다.

이런 디지털 세대의 소비자들이 주를 이루는 4차산업혁명 시대에서는 새로운 소비자들의 다양한 욕구를 맞추면서도 대량생산을 할 수 있는 방법을 찾아야 한다. 이 방법론이 다품종 대량생산Mass-Custom Production•이다. 기업이 그냥 보통 품질의 제품을 대량 양산하는 소품종 대량생산에 머물겠다면, 그냥 설비 제조 업체에 종속되어 스마트팩토리를 하여도 무방하다. 설비 제조 업체들이 그 정도의 스마트팩토리를 제공할 능력은 앞으로 충분히 가질 수 있을 것이기 때문이다.

• Mass Customization이라는 표현을 쓰기도 한다.

하지만 소품종이 아닌 다품종을, 그것도 보통 품질이 아닌 고품질의 제품을 대량으로 생산하는 능력을 갖추어 다가올 디지털 소비 시대에 대비하겠다면 그때는 당연히 다품종 대량생산 형태의 공정을 가져가야 한다. 그리고 이를 위해서는 스마트팩토리 외에는 다른 대안이 없다. 이러한 다품종 대량생산 형태의 공정을 가져갈 때도 기업은 기업 자체에서 가지고 있는 도메인 지식을 최대로 활용하여 경쟁사와는 다른 차원의 제품을 생산할 수 있도록 설비 제조 업체에 종속되지 않은, 자체적으로 수행하는 스마트팩토리를 만들어나가야 한다.

중소·중견기업 스마트팩토리 지원책

규모가 큰 대기업이라면 정부 또는 외부 지원 없이도 자체적으로 스마트팩토리를 충분히 추진해나갈 수 있을 것이다. 하지만 중소·중견기업이라면 정부나 외부 도움이 필요한 경우가 많다. 중소·중견기업 지원책을 마련하기 위하여 중소·중견기업이 스마트팩토리를 도입하는 데 있어서 느끼는 어려움을 정리해보면 크게 다음 세 가지이다.

- 스마트팩토리를 적용하여 어떤 가치를 얻을까 하는 이해 부족
- 스마트팩토리에 필요한 IT 지식과 전문 인력 부족
- 스마트팩토리 구축 비용에 대한 부담

이를 효과적으로 돕기 위해서는 정부와 대기업이 역할 분담하여 상호보완적으로 지원책을 설계함이 바람직하다. 정부는 IT 영역과 스마트팩토리 구축 비용 절감에 대한 지원책을 마련하고, 대기업은 도메인 영역에서의 가치 창출과 전문 인력 부족에 대한 지원책을 마련하며, 중소·중견기업은 이 지원책들을 활용해 자체 역량을 강화하여 스마트팩토리를 수행해야 한다. 이렇게 스마트팩토리의 삼각 시너지를 이룬다면, 중소·중견기업도 어렵지 않게 스마트팩토리를 도입할 수 있다.

대기업 지원책

IT를 잘 활용하지 못하고 있는 중소·중견기업이라면 굳이 스마트팩토리가 필요할까 생각할 수도 있지만, 어쩌면 생존하기 위해 더 필요할지도 모른다. 이렇게 스마트팩토리로 어떤 효과를 얻을지도, 어떻게 시작해야 할지도 가늠할 수 없는 형편의 중소·중견기업에는, 같은 산업군에 속하는 대기업이 제공하는 스마트팩토리 지원책이 필요하다. 이런 지원책을 제공하는 대기업으로 조립 공정에서 삼성전자가 있고 연속 공정에서 포스코가 있다. 대기업의 중소·중견기업 스마트팩토리 지원책을 예로 들면 다음과 같다.

1. 먼저 스마트팩토리 전문 컨설턴트를 파견하여 해당 기업의 주문-생산-출하 가치사슬 전 과정에 걸친 문제점을 찾아낸다.

2. 해당 기업의 주어진 IT 환경을 분석하여, 그 문제점을 진단하고 새로운 가치를 창출할 수 있는 스마트 해법이 무엇인지를 제안한다.
3. 해당 기업의 경영자 및 Task Force와 공동으로 스마트팩토리 방향성을 설정하고, 수준을 결정하고, 단계별 이행 전략을 수립한다.
4. 스마트팩토리는 해당 기업 Task Force가 대기업의 컨설턴트와 반드시 공동으로 수행하여, 필요한 기술 이전이 자연스럽게 되도록 한다.
5. Task Force에게는 기업 구성원에게 스마트팩토리 개념을 교육하고, 성공 사례를 전파하고, 확산시키는 역할을 부여한다.

중소·중견기업의 스마트팩토리로의 전환은 단순히 해당 기업의 경쟁력뿐만 아니라, 이와 협력하는 관련 산업군의 대기업 경쟁력까지도 함께 제고시킨다. 이렇게 관련 산업군의 대기업과 중소·중견기업이 함께 연계되어 스마트팩토리로 디지털 전환되어야 그 효과가 훨씬 더 커진다.

스마트팩토리의 성공이 단숨에 얻어지는 것이 아닌 만큼, 어쩌면 이런 외부 지원보다 더 중요한 것이 경영자의 스마트팩토리에 대한 의지, 지속적인 관심 표명, 그리고 재원의 할당이다. 이것 없이는 말은 숱하게 많지만 진행되어나가는 것이 거의 없는, 그냥 구호만 앞서는 그림의 떡이 되고 만다.

정책적 지원책

중소·중견기업에서 스마트팩토리로의 전환이란 비용효율적인 것이 가장 중요하다. 이를 위하여 정부는 중소·중견기업에 적합한 경량형 스마트팩토리를 미리 정의하고, 이것의 IT 구조와 플랫폼을 표준화하고, 이에 요구되는 하드웨어나 소프트웨어를 선행 개발한다. 중소·중견기업은 이를 활용하여 경제적으로 스마트팩토리를 구현한다. 그리고 중소·중견기업에서 필요한 기술적 자문을 용이하게 받을 수 있는 환경을 제공한다. 이를 위한 정책적 지원책을 아래에 제안한다.

1. 중소·중견기업에 적합한 경량형 스마트팩토리 IT 구조와 스마트팩토리 플랫폼을 주요 산업군별로 표준화하여 제공한다.
2. 위의 IT 구조와 플랫폼에 필요한 하드웨어와 소프트웨어를 선행 개발하여 지원한다.
3. 스마트팩토리 클라우드 센터(Cloud Center)를 설립하고 여기에 추가적인 컴퓨팅 자원과 빅데이터와 AI를 위한 소프트웨어 자원을 장착하여, 중소·중견기업의 스마트팩토리 고도화에 필요한 클라우드 서비스를 제공한다.
4. 스마트팩토리 클라우드 센터에 전문 컨설턴트를 상주시켜, 스마트팩토리 고도화에 필요한 기술 자문을 쉽게 얻을 수 있도록 한다.

이런 정책적 지원책과 대기업 지원책을 연동시켜 정부, 대기업, 중소·중견기업 간의 스마트팩토리 활성화 활동에 삼각 시너지가 나도록 한다.

이렇게 스마트팩토리의 IT와 플랫폼에서 앞서나가고, 표준화하여나가고, 그 활용을 넓혀나가면, 한국은 스마트팩토리 플랫폼의 종주국이 될 수 있다. 플랫폼은 사용자가 모일수록 더 큰 힘을 발휘한다. 바로 '플랫폼 지배 효과'이다. 플랫폼을 지배하면 새로운 기술이 여기로 모여들고, 더 발전하고, 그러면 더 많은 사용자가 몰려드는 연쇄적 상승효과를 낳는다. 이렇게 되면 스마트팩토리가 이끄는 4차산업혁명을 우리가 주도할 수 있는 것이다.

4장

스마트팩토리 현장 적용 사례

- IoT를 활용하는 스마트팩토리
- 빅데이터를 활용하는 스마트팩토리
- AI까지 활용하는 스마트팩토리
- 외부로 확장되는 스마트팩토리

이 장에서는 스마트팩토리를 생산 현장에 적용하여 성과를 거둔 실제 사례들을 몇 가지 유형별로 소개한다. 스마트팩토리는 여기에서 제시하는 유형에 한정될 필요 없이, 여러 가지 형태로 적용될 수 있다. 이 장에서 소개하는 사례들을 이해하고, 이를 바탕으로 각 사업 영역별 도메인 지식을 더하여 생각하면, 자기 회사에 적합한 응용 영역을 쉽게 찾아내고 넓혀나갈 수 있을 것이다.•

IoT를 활용하는 스마트팩토리

스마트팩토리라고 하면 사람들은 AI를 먼저 떠올린다. 하지만 빅데이터나 AI를 사용하지 않고도 성과를 낼 수 있는 스마트팩토리도 많다. 여기에서는 그 예로, IoT 기능을 활용하는 스마트 안전모와 스마트 정수기를 설명한다.

스마트 안전모

중후장대 산업의 현장에서 안전모 사용은 필수이다. 안전모는 신체 부위 중 가장 중요하지만 외상에 가장 취약한 현장 근

• 예를 들어, 일본에서의 스마트팩토리 적용 사례는 산업기술 전문지 ≪니케이 모노즈쿠리(Nikkei Monozukuri)≫, 2019년 4월호 '일본의 최신 스마트 공장'에서 잘 살펴볼 수 있다.

로자의 머리 부분을 보호하기 위해 만들어졌다. 이 안전모에 몇 가지 IoT 기능을 더하여 스마트하게 만들어서 그 효용성을 획기적으로 높일 수 있다.

예를 들어 안전모에 유독가스 센서를 부착하면, 유독가스가 무색무취할지라도 이를 감지하여 현장 직원의 안전을 도모할 수 있다. 근접 센서 부착도 마찬가지이다. 대형 기구물이 현장 직원에 다가오면 센서가 이를 감지하고 경보를 울려 예기치 못한 현장 직원의 부상을 막을 수 있다.

안전모 전방에 카메라를 부착하고 그 영상을 중앙 관제실과 연결하면 현장 직원이 보는 것을 중앙 관제실에서도 같이 볼 수 있다. 이는 현장과 중앙 관제실의 상호 협력 작업을 돕는다. 스마트 안경Smart Glass은 아직 현장에서 사용할 만한 수준으로 개발되지 못하였지만, 조만간 이를 안전모에 부착하여 공장 제어에 필요한 ARAugmented Reality(증강현실) 기능을 제공할 수 있을 것이다.

이처럼 빅데이터와 AI 없이도, 안전모에 센서를 부착하는 IoT 기능만으로도 큰 효과를 볼 수 있다. 그 예로 포스코가 준비하고 있는 스마트 안전모를 살펴보자. 이 스마트 안전모는 현장 직원이 휴대하고 있는 스마트폰과 연동되어 동작한다. 안전모에는 필요한 기능만 있어 구조가 간단하며 무겁지 않고, 복잡한 컴퓨팅과 통신 기능은 현장 직원이 휴대한 스마트폰에서 처리한다.

그림 4-1 스마트 안전모

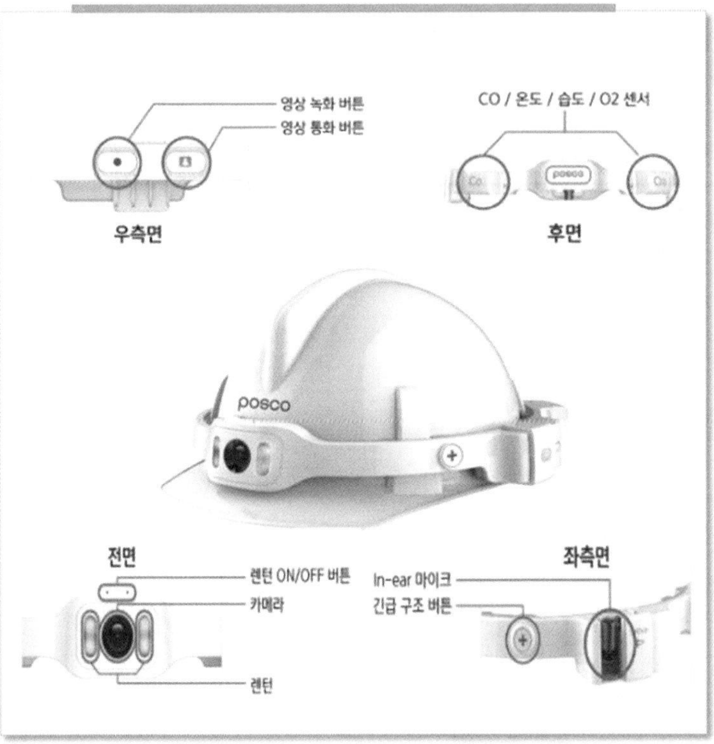

스마트 안전모의 전면에는 카메라와 랜턴이 부착되어 있다. 이것으로 공장 내부 어두운 곳에서도 영상 촬영이 가능하다. 스마트폰과 연동하여 이 영상을 보여주면서 중앙 관제실 직원과 영상 통화가 가능하다. 안전모 후면에는 센서 부착구가 있어 원하는 센서를 필요에 따라 부착하여 사용할 수 있다. 좌측면에는 긴급 구조 버튼이 있어 쉽게 구조 요청할 수 있다.

공장 내부는 언제나 소음이 많아서, 중요한 기능 중 하나가 중앙 관제실과 소음 없이 통화를 할 수 있도록 하는 것이다. 이것을 위하여 귓속In-ear 마이크를 사용한다. 이 마이크는 귓속의 이어폰이 마이크로도 동시에 동작하게 되어 있는 것으로, 현장의 소음 상태와 관계없이 언제나 명료한 통화를 가능하게 한다.

스마트 정수기

정수기는 필터가 생명이다. 유효기간이 지난 필터를 사용하는 건 필터를 사용하지 않는 것보다 오히려 더 안 좋다. 코웨이는 그들이 사업하는 임대식 정수기와 비데에 센서를 설치하여 데이터를 얻고, 이렇게 얻은 데이터를 외부 클라우드로 수집하기 시작하였다.

이것의 목적은 두 가지이다. 첫째는 고객의 정수기나 비데의 동작 상태와 필터 상태를 실시간으로 확인하여 필요한 조치를 적시에 행하기 위함이다. 이는 매출, 고객 만족도, 재계약률을 높이는 데 도움이 된다. 둘째는 이렇게 수집된 데이터를 바탕으로 빅데이터와 AI 분석을 통하여 사업에 필요한 새로운 통찰을 얻는 것이다.

코웨이는 이를 실현하기 위하여, 따로 복잡한 IT 장치나 컴퓨팅 자원을 자체적으로 구비하지 않았다. 정수기나 비데 상태를 실시간으로 확인하는 것은 IoT 기능으로 충분하다. 코웨이는 이를 위한 센서를 외부 IT 업체와 협력하여 정수기나 비데에 장착했다. 그리고 이 센서로부터 얻어진 데이터를 통신 사업자의 서비스를 통하여 외부 클라우드로 연결하여 수집했다. 코웨이는 이를 바탕으로 자체 UI/UX를 외부 클라우드에 연결한 뒤 수집된 데이터를 분석하여 필요한 조치를 할 수 있었다.

코웨이의 사례는 공장에서의 적용 사례가 아니기에 엄밀히 말하면 스마트팩토리 사례가 아니다. 하지만 자체적인 첨단 빅데이터나 AI 없이도, 통신 네트워킹 기술 없이도, 컴퓨팅 자원 없이도 스마트팩토리와 유사한 개념을 실현할 수 있음을 보여준다. 코웨이가 이 같은 시스템을 구축할 때 집중한 일은 어떤 센서를 장착할지, 어떤 UI/UX를 가져갈지 결정하는 정도였다. 이것도 코웨이는 도메인 관점에서만 결정하면 충분했다. 코웨이는 IT 요소를 외부 IT 업체인 포스코 ICT에 위탁하여 처리하였다.

코웨이의 이런 임대 사업 유형을 경제 용어로 구독경제 Subscription Economy•라고 부른다. 구독경제는 고객이 장치나 서비스를 사용할 때 이를 소유하지 않고, 사업자로부터 빌려서

• Subscription Economy의 한국어 표현인 '구독경제'는 썩 적합한 표현은 아니다. 조만간 더 적합한 표현이 나와야 할 것 같다.

사용하는 것을 말한다. 고객은 매달 서비스에 대하여 사용료를 지불하고, 사업자는 이것에 필요한 모든 서비스를 책임지는 형태의 경제이다. 앞으로는 대부분의 가전기기는 물론 심지어 자동차까지도 이런 구독경제 형태로 갈 것으로 예상된다. 이런 구독경제의 근간이 되는 것이 IoT를 통한 실시간 동작 상태 파악이다. 바로 IoT를 활용하는 스마트팩토리와 같은 개념이다.

정수기나 비데 상태를 실시간으로 확인한 다음에는, 빅데이터와 AI 분석을 통해 새로운 통찰을 얻는 작업도 외부 클라우드를 활용하여 이룰 수 있다. 코웨이는 아마존이 제공하는 클라우드 서비스인 AWS[Amazon Web Service]를 사용한다. AWS는 이미 다양한 빅데이터와 AI 응용 소프트웨어들을 구비하고 있어, 도메인에서 원하는 분석을 어려움 없이 처리해낼 수 있다. 이런 분석을 통하여 고객의 요구에 따른 개선, 새로운 서비스 개발, 현장 서비스 직원들의 최적 활동 방안 등의 사업적 통찰을 얻을 수 있다.

빅데이터를 활용하는 스마트팩토리

분석에 필요한 관련 데이터만 회사 내부에 충분히 수집되어 있으면, AI 적용 없이도 빅데이터만으로 스마트팩토리 적용

효과를 볼 수 있는 경우가 많다. 그런 예로서 빅데이터를 활용하여 철강 생산에서 성과를 거둔 사례를 소개한다.

원료 최적 배합

코크스 원료 최적 배합

철강 생산에 필요한 중간 재료에는 코크스Cokes가 있다. 철광석으로부터 철을 뽑아내기 위해 철광석과 함께 고로에 투입되어, 고로에서 철광석이 환원 과정을 거칠 때 코크스의 탄소가 환원제 역할을 한다. 코크스의 주원료는 석탄이며, 여러 원료탄을 배합하여 고열에 구워서 적합한 성분, 강도, 열량, 수분 등을 가진 코크스를 만들어 낸다.

코크스를 만들 때는 한 종류의 원료탄만을 사용하지 않고, 다양한 종류의 원료탄을 섞어서 사용한다. 이때 중요한 것은 "어떤 종류의 원료탄을 섞어야 필요한 품질의 코크스를 가장 저렴하게 만들 수 있을까?" 하는 문제이다. 지금까지는 현장 전문가의 경험과 직관에 의존하여 원료탄을 배합해왔다. 그러다 보니 언제나 필요 이상의 품질을 가진 코크스를 생산하게 되었고, 이를 위하여 값비싼 원료탄을 많이 사용하여 코크스 생산 원가가 쓸데없이 높아지게 되었다. 또한, 현장 전문가가 사용하기 불편해하는 원료탄 재고는 쌓여 낭비되기 일쑤였다.

대부분의 철강 회사에는 어떤 원료탄을 어떻게 섞으면 어떤 품질의 코크스가 생산되는지에 대한 데이터가 이미 많이 쌓여 있다. 그러나 그간 철강 회사들은 데이터를 쌓아만 두고 제대로 분석하지 못했다. 또 두세 가지 종류보다 더 많은 종류의 원료탄 배합 데이터는 사람이 분석하기 어려웠다. 원료탄의 성분도 어떤 평균값은 유지하지만, 장소와 시기에 따라서 들쭉날쭉 변화가 심했다. 경험에 의존하는 현장의 전문가가 이를 분석적으로 사용하기는 너무 어려웠다.

그런데 빅데이터를 활용하면 원료탄 배합에 따른 코크스 품질 분석을 일목요연하게 볼 수 있다. 원료탄의 성분 편차에 따른 영향도 쉽게 볼 수 있다. 그리고 원료탄 가격과 코크스 품질의 상관관계를 분석하면, 비싼 원료탄이 코크스 품질에 큰 도움이 되지 않는다는 것도 파악할 수 있다. 이렇게 빅데이터를 활용하면 필요한 품질의 코크스를 저렴한 원료탄을 배합해서 생산할 수 있게 되고, 원료탄 재고와 가격 변동에 따라 최적 배합 비율도 결정할 수 있게 된다.

스크랩 최적 배합

빅데이터를 활용하여 원료의 최적 배합을 찾을 수 있는 또 다른 예로 전기로에서 사용하는 원료인 스크랩Scrap의 배합 비율 분석이 있다. 스크랩이란 쇠 부스러기나 고철을 말하며, 전기로에서는 이런 스크랩을 재활용하여 철강을 만들어 낸다. 스크랩은 종류에 따라 성분이 다르고 가격도 다르다. 원하는 품질의 철강을 전기로에서 경제적으로 생산해내기 위해서 어떤 스크랩을 어떻게 배합할 것인지 그 배합 비율에 대한 분석이 매우 중요하다.

이런 원료 배합에 대한 빅데이터 응용은 주위에서 숱하게 찾을 수 있다. 여기에는 어려운 IT 기술이 필요하지 않다. 관련 데이터의 수집과 더불어, 데이터 분석 과정을 이해하고 그 분석을 시도해보려는 도메인 전문가의 도전 정신이면 충분하다. 도메인 전문가가 어떻게 분석할지만 결정하면 나머지 과정은 IT 전문가 도움으로 쉽게 처리할 수 있다.

예지 정비 (Predictive Maintenance)

지금까지 공장에서의 설비에 대한 정비는 고장 발생 후에 수리하는 사후 정비Break-down Maintenance와 설비의 고장 유무와 관계없이 어떤 정해진 시간 계획에 따라 사전에 정비하는 계획 정비Scheduled Maintenance가 주를 이루었다.

사후 정비의 문제는 설비는 언제나 예상치 않게 고장이 나고, 그러면 예상치 못한 시간적·재무적 비용이 발생하고, 경영 활동에 큰 부담을 준다는 것이다. 반면에 계획 정비는 그런 고장 우려는 없애주지만, 아직 더 사용할 수 있는 부품인데도 미리 쓸데없이 수리하고 교체하여 비용에 낭비가 크다는 문제를 안고 있다.

이러한 문제를 해결할 수 있는 방법으로 예지 정비Predictive Maintenance•가 있다. 설비 동작 상태를 계속 수집해둔 많은 데이터가 있다면, 그런 데이터가 어떤 양상을 보일 때 얼마 후에 어떤 고장이 일어나는지 빅데이터 분석으로 예측할 수 있다. 이런 분석을 통하여 어떤 설비가 품질 수준을 못 맞추는 상태에 곧 도달한다고 예지가 되면, 이를 예측하여 고장 발생 바로 전에 그 설비를 사전 정비하는 것을 예지 정비라 한다.

예지 정비를 하면 설비가 고장 나는 것을 사전에 막을 수 있다. 그뿐만 아니라, 설비 정비도 쓸데없이 너무 일찍 하지 않고 필요한 때가 되어서 하게 되므로 정비 비용도 줄일 수 있다. 따라서 앞으로의 설비 정비는 예지 정비 형태로 나아가게 될 것이다.

예지 정비를 하려면 같은 유형의 많은 설비에 대하여 오랫동안의 설비 동작에 대한 데이터가 확보되어 있어야 한다. 하나의 설비만 있는 경우는 설비 하나의 동작 데이터밖에 얻지 못하므로 그런 통찰을 얻는 게 불가능하다. 그래서 예지 정비는 공장 내에 같은 종류의 장비가 여럿 있고, 이에 대한 동작 데이터가 오랫동안 쌓여 있을 때 효과가 있다.

• 고장이 일어나지 못하게 한다는 의미에서 예방 정비(Preventive Maintenance)라는 표현을 사용하기도 한다. 둘 다 거의 같은 의미이다.

대부분의 공장에서 예지 정비를 활용할 수 있는 예가 회전체 모터이다. 큰 공장이라면 많은 회전체 모터가 있고, 그 공장에서 쓰이는 모터는 대부분 유사한 유형이다. 이 모터들에 대한 동작 데이터를 오랫동안 수집해왔다면 여기에 빅데이터를 활용하는 예지 정비를 적용할 수 있다.

설비 제조 업체의 경우에는 예지 정비를 적용할 수 있는 대상이 훨씬 넓어진다. 자기 설비를 사용하는 회사 한 곳에서는 하나의 데이터밖에 없을지도 모른다. 하지만 설비 제조 업체가 자기 설비를 사용하는 여러 회사로부터 설비 동작 데이터를 모아왔다면, 설비 제조 업체에는 오랫동안 이미 충분히 많은 데이터가 수집되어 있을 수 있다. 이를 활용하여 빅데이터 분석을 통해 자기 설비가 쓰이는 곳이면 어디서나 예지 정비를 해줄 수 있다.

그래서 예지 정비는 같은 유형의 설비를 많이 쓰는 회사라면 회사 단독으로 수행할 수 있고, 그렇지 않으면 설비 제조 업체의 도움을 받아서 진행할 수도 있다. 이런 예지 정비를 대표적으로 수행하고 있는 기업이 GE이다. GE는 많은 유사 설비를 세계 곳곳에 판매하여 운용하고 있어, 이들 설비에 대한 많은 데이터를 계속 모아왔고, 이를 빅데이터 분석하여 예지 정비에 활용하고 있다. GE는 이 예지 정비 분야를 매우 성장성이 높은 차세대 비즈니스 모델로 보고 있다.

AI까지 활용하는 스마트팩토리

앞에서는 IoT를 활용하는 스마트팩토리와 빅데이터를 활용하는 스마트팩토리를 사례를 들어 설명하였다. IoT와 빅데이터에 더하여 AI 기술까지 적용하면 스마트팩토리의 적용 영역은 훨씬 넓어진다. 여기에서는 AI 기술을 적용한 실제 현장 사례들을 살펴본다.

컴퓨터 비전 활용

최근에는 컴퓨터 영상 분석 기술인 컴퓨터 비전Computer Vision 기술이 급격히 발전하여, 인간이 화면을 보면서 인지하여 처리하던 거의 모든 것을 AI가 대신해낼 수 있게 되었다. 컴퓨터 비전의 응용 분야는 무궁무진하며, 이것을 응용하는 가장 쉬운 예로 CCTV 모니터링을 들 수 있다.

CCTV 모니터링

대다수 공장에는 중요하거나 위험한 곳에 CCTV가 설치되어 있고, 그 영상을 중앙 관제실에서 모니터링하여 필요한 조치를 하게 되어 있다. 하지만 CCTV를 보는 일은 매우 단순반복적인 지루한 일이라 사람이 하기에는 적합하지 않다. 그래서 CCTV 영상은 언제나 켜져 있지만, 실제로는 어떤 상황이 발생하고 난 뒤 사후 원인 분석에 활용하는 데 그치고 있다.

만약 AI에게 이런 CCTV 모니터링을 시키면 어떻게 될까? 현장 직원이 위험 지역을 통과하려고 하면 경보를 울릴 수 있고, 적외선 카메라를 사용하여 설비 작동 온도가 이상 과열되는 것을 방지할 수 있다. 그뿐만 아니라, 제품의 외관 품질을 측정할 수 있고, 근로자의 얼굴을 인식하여 출입 통제도 할 수 있다. 이처럼 컴퓨터 비전을 생산 현장에서 활용할 수 있는 곳은 무수히 많다.

표면 처리 설비 투자 비용 절감

몇 가지 현장의 예를 들었지만, AI를 활용하는 컴퓨터 비전 기술은 나날이 발전하여 우리가 생각하는 대부분의 일을 대신할 수 있는 수준에 이르렀다. 그 응용은 우리가 생각할 수 있는 영역만큼이나 넓다. 컴퓨터 비전 기술을 투자 비용CAPEX* 절감에 응용한 예를 소개한다.

고급 강판은 성분뿐만 아니라 표면조차 깨끗해야 한다. 이 때문에 고급 강판을 생산할 때는 강판의 표면 결함을 깨끗하게 처리하는 스카핑Scarfing이라는 표면 처리 공정을 거치게 된다. 그래서 고급 강판 수요가 급증할 때는 이 표면 처리 공정에서 병목현상Bottleneck effect이 생기곤 한다.

---

* Capital Expenditures의 줄임 말로, 기업 자산에 투자되는 비용을 말한다. 반대되는 개념으로 운용 비용(OPEX, Operating Expenditures)이 있다.

표면 처리 공정에 투입되는 강판을 살펴보면 이미 표면이 아주 깨끗하여 표면 처리가 필요 없는 강판이 상당히 많다. 하지만 기존 공정에서는 이런 현상에 개의치 않고 무조건 표면 처리 공정을 거치게 하였으며, 여기서 생기는 병목현상을 없애기 위하여 표면 처리 설비를 추가 투자하곤 했다.

컴퓨터 비전을 활용하면 표면에 결함이 없어 표면 처리가 필요 없는 강판과 결함이 있어 표면 처리가 필요한 강판을 쉽게 구분할 수 있다. 최신 컴퓨터 비전 기술을 활용하면 이것은 어려운 일이 아니다. 현장 전문가가 눈으로 판별해온 데이터가 충분히 수집되어 있으면, 이 데이터로 AI를 머신러닝Machine Learning시키면 된다.

표 4-1에서 보듯이, 모든 강판을 표면 처리할 것이 아니라 컴퓨터 비전을 활용하여 표면 처리가 필요한 강판만 관련 공정을 거치게 하면 깨끗한 강판의 비율에 따라 표면 처리 공정에서의 병목현상을 낮출 수 있다. 만약 그 비율이 50% 정도가 된다면 표면 처리 설비 투자 비용을 반으로 절약할 수 있다. 대부분의 스마트팩토리 효과는 운용 비용OPEX 절감으로 나타나는 경우가 많지만, 이렇게 스마트팩토리로 투자 비용CAPEX 절감을 이룰 수도 있다.

한 걸음 더 나아가, 컴퓨터 비전을 활용하여 표면 결함에 대

표 4-1 컴퓨터 비전을 활용한 표면 처리 설비 투자 비용 절감

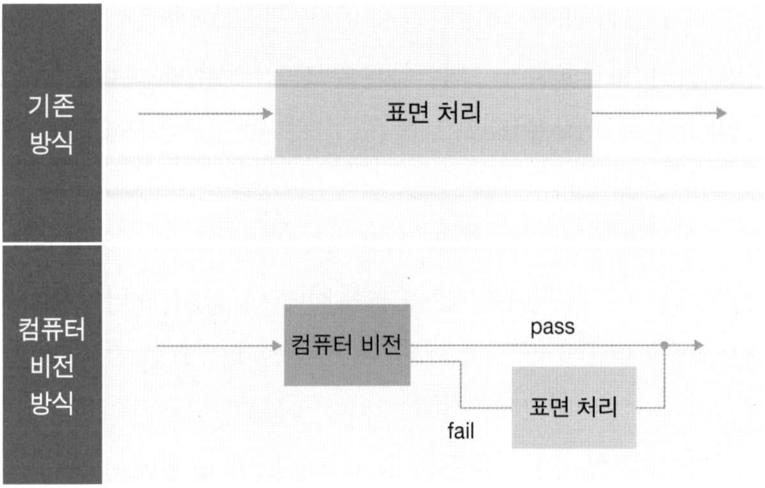

한 데이터를 잘 분류해 놓고, 이를 이전 공정의 동작 데이터와 빅데이터 비교 분석하면, 이전 공정의 어떤 동작 상황에서 강판에 어떤 표면 결함이 생기는지 역추적할 수 있다. 그리고 이를 개선하여 표면 처리 부하를 더욱 줄일 수도 있다.

현장 전문가의 숙련 기술 능가하기

현장 전문가들이 설비를 제어하는 방법에 관한 데이터가 충분히 수집되어 있으면 머신러닝을 활용하여 AI가 현장 전문가처럼 설비를 제어하게 할 수 있다. 알파고가 바둑 데이터로부터 바둑을 배워서 프로 기사보다 바둑을 더 잘 둘 수 있는 것을 떠올리면 된다. AI가 현장 전문가들의 숙련된 지식을 데이

터로부터 배워서 현장 전문가보다 설비를 더 잘 작동시킬 수 있다는 개념이다. 몇 가지 실제 사례를 들어 본다.

AI 압연 제어

얇은 금속 강판을 만드는 압연 공정은 슬래브Slab라는 좁고 두꺼운 금속 원판을 상하 두 개의 회전하는 롤Roll 사이로 압력을 가하여 통과시켜 넓고 얇은 강판으로 만드는 공정이다. 압연 공정은 자동화되어 있으나, 원판의 특성, 온도 편차, 압연 압력에 따라 전체가 고르게 압연이 되지 않거나 강판이 뒤틀리는 이상 현상이 가끔 발생한다. 이 때문에 압연 전문가가 상주하여 현장을 지켜보고는, 이상이 발생하면 압연 설비를 수동으로 제어하여 이상 현상을 없앤다.

만약 원판 특성, 압연 결과, 이를 제어하는 압연 전문가의 제어 행위가 데이터로 충분히 수집되어 있다면, 이 데이터로 AI를 머신러닝시켜 AI가 압연 제어를 대신하게 할 수 있다. 이렇게 압연 공정에 AI를 사용할 때 얻는 이점은 여러 가지이다.

사람은 이상 현상이 발생할 때만 작동에 관여하지만, AI는 항상 모니터링하고 항상 작동에 관여할 수 있으므로 압연 품질을 정교하게 관리할 수 있다. 또한, 사람은 숙련 정도에 따라 미처 경험해보지 못한 이상 현상이 발생했을 때 어떻게 수동 제어를 해야 할지 모르지만, AI는 과거의 모든 데이터가 입력되어 있어 과거에 발생한 적이 있는 이상 현상에 대해서는 모두 적절히 대응할 수 있다. 알파고가 프로 기사보다 바둑을 더 잘 두는 것처럼, 압연 품질도 사람이 관리하는 것보다 AI가 관리했을 때 더 높일 수 있다.

여기서 더욱 중요한 것은 AI 압연 제어에서는 압연 제어에 따른 결과를 언제나 새로운 데이터로 추적하고 분석하여 새로운 지식으로 쌓아나간다는 사실이다. 이 때문에, AI 압연 제어는 압연 공정을 많이 해나갈수록 더욱 뛰어난 성능을 발휘하게 된다. 이것은 단순한 공장 자동화에 대비하여 AI가 가져다주는 매우 큰 이점이다. 이런 현상으로부터 디지털 전환을 하는 기업과 하지 않는 기업의 차이를 더욱 벌리는 '디지털 전환에 따른 격차'가 생겨난다.

AI 도금 제어

가전제품 표면에 사용되는 강판은 표면을 아름답게 하기 위하여 대부분 아연 도금 공정을 거친다. 이 과정에서는 도금이 균일하게 잘 되어야 하는 것도 중요하지만, 도금 두께를 필요 이상으로 두껍지 않게 하여 도금에 사용되는 값비싼 아연의 사용량을 최대한 줄일 수 있어야 한다.

아연 도금의 특성은 강종, 두께, 폭, 그리고 조업 조건에 따라 달라진다. 지금까지는 현장 전문가들이 자동화된 설비를 사용하여 도금하면서, 상황 조건에 따라 수동 조작을 해왔다. 이것도 앞서 언급한 AI 압연 제어와 마찬가지로, 강종 특성과 현장 전문가들의 도금 제어 행위가 데이터로 충분히 수집되어

그림 4-2 AI 도금 제어를 통한 도금 두께 최적화

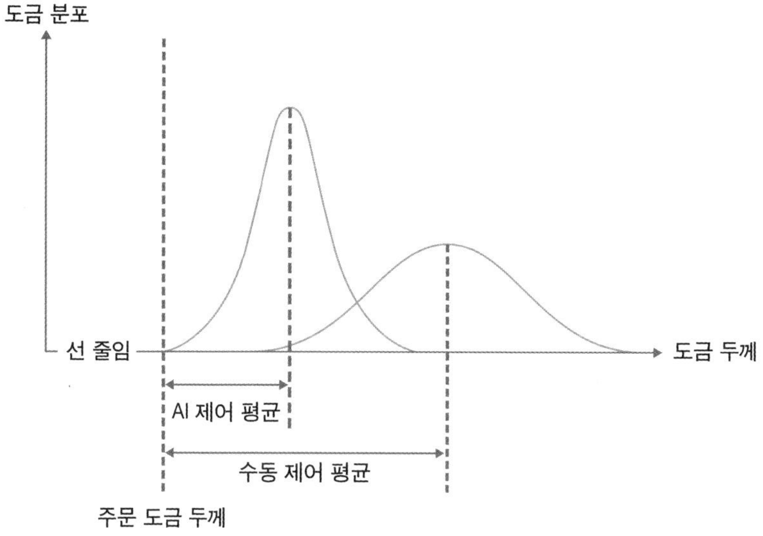

있으면, 이 데이터로 AI를 머신러닝시켜 AI가 도금 제어를 대신하게 할 수 있다.

사람이 맨눈으로 보고 제어하는 것과는 달리, AI는 실시간으로 도금 상황을 보고 과거의 데이터로부터 배운 최적의 기술로 강종 상황 및 조업 상황에 따라 최적의 도금 제어를 한다. 이렇게 도금 제어에 AI를 활용하면 도금 공정에서 필요 이상으로 낭비되는 아연 사용량을 줄일 수 있다.

그림 4-2가 그런 예를 보여준다. 도금 두께는 언제나 주문 도금 두께 이상이어야 하므로, 그 두께 이상으로 도금을 하면서도 추가 두께는 최소한으로 줄여야 한다. 그런데 사람에게

수동 제어를 맡기는 것과 비교하여 AI가 도금 제어를 한 경우에는 추가 두께가 1/3 정도로 줄어드는 것을 볼 수 있다. 이렇게 도금 제어에 AI를 활용하여, 도금에 필요한 아연 사용량을 추가 두께 감소만큼 줄일 수 있다.

물류 최적화

공장과 공장들이 또는 공장과 판매처들이 지역적으로 멀리 분산되어 여러 곳에 있는 경우가 있다. 이럴 때는 이들 사이의 물류 흐름을 최적화하고 물류비용을 최소화하는 것도 기업 경영에 중요한 요소가 된다. 그런데 많은 기업에서는 물류의 흐름을 수작업으로 처리하고 또 물류 편성도 운송사별로 운영해서 물류의 흐름과 비용의 최적화를 이루지 못하고 있다.

대부분의 회사에 물류 데이터는 충분히 쌓여 있다. 단지 아직 관련 데이터를 분석하여 물류를 개선해보겠다고 마음먹지 않았을 뿐이다. 축적된 물류 데이터를 제대로 분석하기만 하면 물류를 개선할 수 있는 여러 아이디어를 얻을 수 있다.

먼저 빅데이터 분석을 통해 최적의 물류 흐름을 파악할 수 있다. 이를 지금의 생산·판매 상황 데이터와 접목하면 곧 필요한 물류 사항을 사전 예측할 수 있다. 이를 물류 시점, 구간별 물류비용, 중간 하치장 경유 비용 등 실시간 물류 데이터와 연결해 AI에 입력하면 실시간 최적의 물류 편성을 할 수 있다.

이렇게 되면 운송 비용과 물류 시간이 줄어들게 된다. 물류 데이터를 운송사의 운행 데이터와 접목하면 운송 차량을 전용으로 사용하지 않고 부분적으로도 사용할 수 있어, 운송 비용을 더욱 낮출 수 있다. 그리고 여러 운송사와 데이터를 접목하면 이런 효과를 배가시킬 수 있을 뿐만 아니라 물류 시간을 더욱 단축할 수 있다. 이는 스마트팩토리에 외부 협력사의 데이터를 활용함으로써 더욱 효과를 볼 수 있는 한 가지 사례이다. 외부 운송 협력사 역시 자신들 차량의 활용도를 높이게 되어 상호 Win-Win 효과를 얻을 수 있다.

공장 내부의 물류에도 같은 개념을 적용할 수 있다. 공장 내부에도 여러 거점이 있고, 창고, 하치장, 입고장, 출고장도 있다. 이들 사이의 물류에 대하여 대다수 공장에서는 깊이 생각하지 않고 지게차나 운송 차량을 운용하여 필요한 순간마다 물류를 처리하고 어떤 장소에 쌓아두곤 한다. 하지만 여기에도 데이터 분석을 해보면 최적의 물류 흐름을 파악할 수 있다. 또한 실시간 상황과 연결하여 AI를 활용하면, 공장 내부의 물류비용을 최소화하는 방안도 찾아낼 수 있다.

앞으로는 물류 최적화가 기업에 더욱 중요해진다. 일반 기업뿐 아니라, 운송사의 차량군 관리Fleet Management, 택배 회사, 인터넷 쇼핑몰 역시 마찬가지다. 기업은 물류에 IoT, 빅데이터, AI를 접목하여 효율화를 이루려고 점점 더 노력할 것이다.

외부로 확장되는 스마트팩토리

나이키의 IoT 활용

IoT 활용 분야의 하나로, 체육 용품 업체 나이키NIKE는 센서가 부착된 스마트 운동화를 만들고 있다. 나이키 스마트 운동화는 부착된 센서를 활용하여 고객 발에 맞추어 신발 여기저기를 미세 조정해주는 고객 맞춤형 운동화 기능, 신발 끈을 자동 조절해주는 신발 끈 조임 기능, 고객의 스마트폰과 연동된 고객의 운동량 측정 기능 등이 있다. 그리고 나이키 데이터 센터와 연결해 운동화 마모 상태도 모니터링할 수 있다.

이제는 운동화까지 스마트 시대에 들어선 것이다. IoT를 활용하여 고객에게 편리한 운동화를 만들고, 고객에게 부가 기능을 제공하고, 운동화의 상태를 모니터링하여 더 좋은 운동화를 만들 수 있는 데이터를 수집하는 것이다. 이런 첨단 기능은 운동화 제조 업체가 마음만 먹으면 쉽게 도입할 수 있다.

이 같은 첨단 IoT 기능을 가지려면 제품에 센서를 부착할 수 있어야 하고, 그 센서들을 네트워크와 연결할 수 있어야 한다. 운동화 같은 제품은 센서 부착과 무선 네트워크 연결이 그다지 어렵지 않다. 하지만 철강 같은 금속 재질은 센서 부착도 어렵고, 네트워크 연결도 쉽지 않다. 이런 경우에는 어떤 방법으로 IoT를 접목할 수 있을까?

IoT 확장을 통한 협력 업체 원가 절감

철강 업체에는 강관을 제조, 판매하는 협력 업체인 강관 업체가 있다. 강관 업체는 철강 업체로부터 강판을 원료로 받아서, 이를 열처리하여 강관으로 만들어 판매한다. 강관 업체는 최종 고객이 원하는 품질의 강관을 만들기 위하여 적합한 품질의 강판을 철강 업체에서 구매하고 열처리 작업을 한다. 강판에 열처리 작업을 하게 되면 강판의 물성에 변화가 생겨, 그 과정에 품질이 향상되는 경향이 있다. 그런데 그 품질이 바뀌는 정도가 원료 강판의 물성과 열처리 과정에 따라 각기 달라, 그런 특성이 아직 제대로 강관 제조에 활용되지 못해왔다.

강판의 품질 변화 정도를 측정하기 위하여 금속 재질의 강판에 센서를 부착하기는 어렵다. 하지만 협력 업체와 협력하면 강판을 열처리하는 설비에는 센서를 부착할 수 있고, 이 센서들로부터 열처리에 따른 품질 변화를 측정할 수 있다. 스마트팩토리의 IoT를 협력 업체의 설비로 확장하면서, 공장 내부로부터 얻는 데이터보다 더 많은 중요한 데이터를 얻고 이를 활용할 수 있는 것이다.

협력 업체인 강관 업체의 열처리 설비로부터 수집된 데이터를 활용하여, 스마트팩토리는 이를 빅데이터 분석하여, 강판의 물성, 크기, 두께와 이를 열처리하는 방법에 따른 품질 향상의 정도를 경우마다 정확히 측정할 수 있다. 그래서 어떤 경우에 어떤 품질의 변화가 생기는지 분류하여 활용할 수 있고, 공정 변화에 따른 품질 변화를 예측할 수 있게 된다.

이에 따라 강관 업체는 저렴한 원료 강판을 사용하면서도 품질을 유지할 방법을 알게 되어 원료 비용을 절감할 수 있고, 철강 업체는 협력 업체와 더 좋은 협력 관계를 통한 고객 만족을 가져갈 수 있다.

나이키의 경우와 강관 업체와의 협력의 경우에서 보듯, 스마트팩토리라는 개념을 단지 공장 내부에서 일어나는 과정이나 절차로 한정하여 생각할 필요가 없다. 제품에 센서를 부착하여 고객의 제품 이용 현황을 데이터로 파악할 수도 있으며, 이를 제품 생산과 개발에 활용할 수 있다. 제품에 센서 부착이 어려우면 그것을 재가공하는 협력 업체의 설비에 센서를 부착하여 필요한 데이터를 수집하고, 분석하여, 활용할 수 있다.

앞에서는 기업 가치사슬의 하류Downstream 쪽으로의 IoT 확장을 예로 들었다. 여기서 하류란 제품을 재가공하여 최종 소비자에게 판매하는, 해당 기업으로 보면 고객 쪽을 이야기한다.

하지만 IoT를 상류Upstream 쪽으로도 확장할 수 있다. 예를 들면, 원료 제공 업체에 센서를 연결해 거기서 필요한 데이터를 수집, 분석, 활용할 수 있다. 원료의 품질과 수급 예측을 실시간으로 할 수 있는 것이다. 이처럼 스마트팩토리 적용의 한계는 단지 이를 관장하는 사람의 상상력에 따라 제한될 뿐이다.

5장

Smart X:
스마트팩토리 개념 확장

- 스마트 경영
- 스마트 건설
- 다양한 Smart X 사례

1장에서 설명하였듯, 디지털 전환Digital Transformation이란 첨단 IT 기술을 기업 경영 전반에 활용함으로써 얻을 수 있는 스마트한 관찰 능력과 제어 능력Smart Observability & Controllability(SO&C)을 의미하는 것이다. 이를 다시 한번 설명하면 다음과 같다.

1. IoT를 활용하여 기업 구석구석에서 일어나는 제반 문제와 상황들을 일목요연하게 데이터로 관찰한다.
2. 수집된 데이터를 빅데이터로 분석하여, 그간 제대로 보지 못했거나 알지 못했던 새로운 통찰(Insight)을 얻는다.
3. 얻어진 통찰로부터 기업 구석구석의 제반 문제와 상황들을 원하는 방향으로 제어하는 최적의 방안을 AI로 구현해낸다.

이런 디지털 전환의 개념을 공장에 적용한 것이 스마트팩토리이다. 디지털 전환은 스마트팩토리에 국한될 필요 없이, 기업의 다른 경영 활동 영역으로 확장 적용될 수 있다. 이를 Smart X라고 한다. 이런 관점에서 살펴보면, 스마트팩토리 개념을 확장한 Smart X에는 끝이 없다. 예를 들어, 이를 기업의 일반 경영에 적용하면 스마트 경영Smart Management이 되고, 건설현장에 적용하면 스마트 건설Smart Construction이 되고, 에너지의 생산과 소비에 적용하면 스마트 에너지Smart Energy가 되고, 도시 운영에 적용하면 스마트 시티Smart City가 된다.

이 장에서는 이런 몇 가지 Smart X 사례들을 살펴본다. 이를 통하여 경영자들의 시야가 넓어지고, 자기 기업에 맞는 디지털 전환 영역인 Smart X를 찾아나갈 수 있을 것이다.

스마트 경영

디지털 경영 컨설턴트인 루이스 라무로Louis Lamoureux는 그의 저서 『기업에서 디지털 전환 제대로 하기(Doing Digital Right)』에서 디지털 전환의 개념을 기업의 일반 경영 활동에 어떻게 적용할지를 그림 5-1과 같이 정리하였다.

기업의 일반 경영 활동에서 디지털 전환이란 그림 5-1에서 보듯, 첨단 IT 기술Digital Technologies을 기업 경영 활동의 여러 부문Business Uses에 적용하여, 구체적인 성과Business Outcomes를 얻는 것이다. 그 적용 대상이 되는 기업 경영 활동은 다음과 같다.

- 기업이 판매하는 제품/서비스(Products/Services) 가치 제고
- 기업 내부 프로세스(Processes) 개선
- 제품/서비스의 고객과의 상호작용(Customer Journey) 효율화

이 중 두 번째 항목의 '기업 내부 프로세스'란 기업의 상품인 제품이나 서비스를 고객에게 제공하기 위한 제반 프로세스를 의미한다. 설계, 생산, 판매, 인사, 재무 등이 이에 포함된다. 세 번째 항목의 '고객과의 상호작용'이란 기업이 판매하는 제

그림 5-1 기업 경영 활동에 디지털 전환의 적용

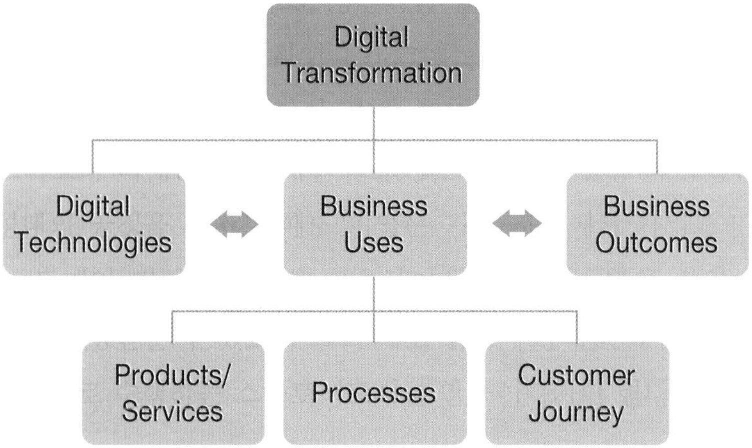

자료: Louis Lamoureux, 『Doing Digital Right』 (2017)

품이나 서비스를 고객들이 찾아서, 주문하고, 지불하고, 전달받고, 사용하는 전 과정에 걸친 기업과 고객 사이의 상호작용 전체를 의미한다.

이때 어떠한 첨단 IT 기술을 활용하여 어떤 과정을 통하여 어떻게 성과를 얻어낼 수 있을까 하는 스마트 경영의 방법론으로는 디지털 전환의 기저가 되는 스마트한 관찰 능력과 제어 능력SO&C의 개념을 활용하면 된다. 앞서 제시한 기업 경영 활동의 여러 부문에 대한 구체적인 적용 사례들은 『기업에서 디지털 전환 제대로 하기(Doing Digital Right)』에 잘 정리되어 있다.

스마트 경영의 현장 사례들을 더 접하고 싶다면, 마이클 포터Michael E. Porter와 제임스 헤플만James E. Heppelmann이 ≪하버드 비즈니스 리뷰≫에 공동 기고한 두 편의 연작 "How Smart, Connected Products Are Transforming Competition (Nov. 2014)"와 "How Smart, Connected Products Are Transforming Companies (Oct. 2015)"가 좋은 참고 자료이다.* 또한 일본에서의 사례는 정보통신 전문지 ≪니케이 컴퓨터Nikkei Computer≫의 2019년 2월 7일 특집 "디지털 변혁의 여행을 출발하자"에 잘 소개되어 있다.

AI-powered RPA (Robotic Process Automation)

스마트 경영을 기업 내부 프로세스 개선에 적용하는 하나의 간단한 사례로 AI-powered RPARobotic Process Automation를 들 수 있다. RPA는 마치 공장에서 로봇이 인간 대신 단순반복적 조립 작업을 자동화하여 수행하는 것처럼, 일반 사무 업무에서도 사람이 처리하던 단순반복적 일반 업무를 소프트웨어 로봇이 자동화하여 수행하는 것이다.**

* 이 자료는 PTC Korea에서 한국어로 번역하여 제공하고 있다. PTC는 디지털 전환 기술 전문 회사이며, 저자 제임스 헤플만(James Heppelmann)이 CEO이자 설립자이다

** 니케이 BP(Nikkei BP)가 2019년 출간한 기술 서적 『실천 RPA』가 RPA의 기본과 실천 방안, 동향 등을 잘 설명하고 있다.

RPA는 인간이 아닌 소프트웨어 프로그램이기에 24시간 쉬지 않고 일할 수 있어, 업무 소요 시간을 단축하고 비용을 줄여준다. 또한 단순반복적 일에 대하여 인간이 쉽사리 하게 되는 실수도 줄여준다. 주로 기업의 재무, 회계, 구매, 고객 관리 등에서 반복되는 단순 업무 처리에 활용되어왔다.

이런 RPA에 AI의 지능적 능력까지 더하면 RPA의 성능이 훨씬 배가된다. 예를 들면, 전표 처리 같은 것이 RPA로 대신할 수 있는 단순반복 업무이다. 전표 양식이나 처리 프로세스들이 제대로 정의만 되어 있으면, 전표를 영상으로 읽어서 그 내용을 인식하는 것은 어렵지 않다. 여기에 컴퓨터 비전 AI를 활용하면 내용 인식 수준을 높일 수 있으며, 머신러닝 AI를 활용하면 사람이 전표 처리를 하는 것을 배워서, 정확하고 빠르고 인적 오류 없이 전표 처리를 할 수 있다.

이 외에도 어떤 기업은 AI-Powered RPA를 결산 수치 집계 및 관리 작업에 활용하고 있으며, 또 어떤 기업은 상장기업 증권거래소 공시 내용 작성에 활용한다. 더 재미있는 예를 들면, 어떤 건설회사에서는 수시로 바뀌는 협력 업체가 적절한 건설업 허가를 가졌는지 확인하는 작업에도 AI-Powered RPA를 활용하고 있다. 이런 대다수 업무들은 사람의 창의성이 필요 없는 단순반복적 업무로서, 업무가 제대로 정의만 되어 있으면 AI-powered RPA 적용으로 큰 효과를 볼 수 있다.

다양한 스마트 경영 사례

앞에서 설명한 AI-powered RPA는 스마트 경영의 매우 제한적인 사례로, 여기에는 스마트한 관찰 능력과 제어 능력의 일부 개념만 적용되었을 뿐이다. 이 개념 전부가 적용된 스마트 경영의 예를 살펴보자.

지금까지 대다수 기업에서는 미리 설정된 규정이나 계획에 따라 경영 사항을 결정해왔다. 예를 들면, 재고가 일정 수준 이하로 떨어지면 원료를 구매했고, 분기별 생산 계획에 따라 제품을 생산하곤 했다. 이런 결정을 하는 데도 필요한 정보 전부를 사용하지 않고, 부분적인 정보와 과거의 경험에 따라 결정을 해왔다.

그런데 이제는 IoT를 통하여 실시간으로 필요한 데이터를 수집할 수 있다. 이를 실시간으로 빅데이터 분석하여, 현재 일어나고 있는 현상에 대한 통찰을 얻을 수 있다. 이에 따라 AI를 활용하여 지능적으로 경영 상황을 예측하여 판단할 수 있다. 그래서 지연된 부분 정보와 과거의 경험에 의존하여 경영하던 시대는 지나가고, 이제는 실시간 전체 정보와 지금까지의 통찰로부터 얻은 모든 지식에 기반을 둔 차원 높은 경영이 가능한 시대가 도래했다.

이런 몇 가지 사례를 살펴보고, 자기 기업에 적합한 스마트 경영 과제들을 도출해보자.

1. 원료 재고 비용 최적화: 원료의 생산 현황, 경기 변동에 따른 원료의 수요 현황, 물류 현황, 필요한 원료의 재고 현황 등의 실시간 정보를 수집하여 빅데이터 분석을 한다. 그러면 얼마만큼의 원료 재고를 어떤 가격으로 가져가야 할지 실시간 AI 예측을 할 수 있다. 이에 따라 원료 구매 및 재고를 실시간으로 처리하여, 원료 재고 비용을 최적화할 수 있다.

2. 상품 판매량과 판매가 예측: 상품 수요 현황, 경쟁사의 제품 생산 및 경영 현황, 지역적 경기 변동 현황 등의 실시간 정보를 수집하여 빅데이터 분석을 한다. 그러면 상품 판매량과 판매가에 대한 실시간 AI 예측을 할 수 있다. 이에 따라 각 상품의 판매 계획 및 생산 계획을 최적화할 수 있다.

3. 상품 재고와 생산의 연동: 상품 판매처가 지리적으로 멀리 떨어져 있어도 IoT를 통하여 실시간 상품 재고 현황을 파악할 수 있다. 그리고 이를 상품 판매량 예측과 연동하여 최적의 실시간 상품 생산 계획을 수립할 수 있다.

4. 거래 업체의 신용도 평가: 기업에는 거래하는 업체의 신용도가 매우 중요하다. 거래 업체의 경영이 부실하게 되면 여러 종류의 경영 손실을 보게 된다. 현재 시중에서 제공되는 기

업 신용도는 연간 또는 분기 이전의 데이터를 바탕으로 한 신용도 평가로, 이에 대한 실시간 신뢰도는 매우 낮다. 거래 업체들에 대한 제반 데이터를 실시간으로 수집하여 빅데이터 분석하고 AI 예측을 하면 거래 업체에 대한 신뢰도를 실시간으로 파악할 수 있다. 그리고 이를 통해 거래 업체 부실에 따른 경영 손실을 최소화할 수 있다.

몇 가지 스마트 경영 응용의 예를 살펴보았다. 이렇게 스마트 경영에서는 기업의 원료-물류-생산-영업-고객에 이르는 전체 가치사슬Value chain에 걸쳐서 도메인 지식을 활용하여 가치 있는 적용 분야를 찾을 수 있다. 그리고 앞서 제시한 다양한 응용에 필요한 데이터 수집은 사람이 하면 매우 복잡하지만, IoT를 AI-powered RPA와 연동시키면 대부분 쉽게 해결할 수 있다.

스마트 건설

첨단 IT 기술은 많은 산업에 적용되어왔다. 그럼에도 토목·건설 산업은 아직 IT 기술 수용도가 낮은 편이다. 토목·건설 산업은 아직도 제대로 전산화되지 않은 채, 작업자의 경험, 수작업, 종이 도면, 부정확한 계약, 비효율적 자재 수급, 낭비적 인력 활용에 머물고 있다.

토목·건설은 작업 특성상 다양한 환경에서 다양한 종류의 작업이 동시에 요구되고, 변화 요인이 많아 수시로 상황이 바뀌는 복잡다단한 영역이라, 지금까지는 IT 기술 적용으로 큰 효과를 얻기 어려웠다. 하지만 이제 4차산업혁명 시대에서 대두되는 첨단 IT 기술을 활용하면, 이런 복잡다단한 토목·건설 영역에서도 충분히 효과를 낼 수 있다. 그동안 토목·건설에서의 IT 기술 활용이 부족했던 만큼 경쟁사보다 앞서 디지털 전환하면 엄청난 경쟁력을 가질 수 있다. 이렇게 토목·건설 분야를 디지털 전환해나가는 스마트 건설•의 사례를 몇 가지 살펴보자.

건설 공정 선행 시뮬레이션 (Pre-Construction)

최근 건설업계에서 대두되는 스마트 건설 중 가장 중요한 하나가 건설 공정 선행 시뮬레이션Pre-Construction이다. 건설 공정 선행 시뮬레이션이란 건설의 전체 공정을 처음부터 끝까지 컴퓨터상에서 시뮬레이션해보는 것이다. 단지 설계 도면으로 건설물을 시뮬레이션해보는 BIMBuilding Information Modelling에 그치지 않는다. 공정 순서, 자재 투입, 인력 투입, 공정 발주, 공사 감리 등 건설 공정에서 일어나는 제반 사항들을 모두 시뮬레

• 한국건설산업연구원장을 역임한 이상호 박사의 저서 『4차산업혁명, 건설산업의 새로운 미래』가 디지털 전환으로 바뀌는 건설 산업의 미래 모습을 잘 조명한다.

이션한다.

이렇게 함으로써 미처 인지하지 못했던 설계 문제, 시공 문제, 공정 상관관계, 리소스Resource 투입 문제 등을 사전에 파악할 수 있다. 이에 대한 해결책을 사전에 강구할 수 있고, 감리 방안도 사전에 세울 수 있어, 건설 기간과 비용을 줄이면서도 더 뛰어난 건설을 할 수 있다.

건설 공정 선행 시뮬레이션에 필요한 IT 기술로는 5D-BIM 5-Dimension Building Information Modelling, Visual Simulation, 빅데이터, VRVirtual Reality(가상 현실), 드론Drone 등 여러 기술이 있으며, 이들은 이미 잘 개발되어 범용화되어 있다. 따라서 이제 IT 기술의 한계와 비용 때문에 스마트 건설을 미룰 필요는 없다. 경영자는 다가오는 변혁을 빨리 이해하여, 토목·건설 분야의 디지털 전환에서 앞서면 된다. 다른 세부적 기술 사항은 그리 어렵지 않으며, 전문가들에게 맡기면 된다.

드론의 활용

스마트 건설을 위한 IoT의 관점에서 드론도 응용 범위가 넓다. 고해상도 카메라와 GPS가 탑재된 드론을 활용하면, 드론이 사람 대신 정확하고 빠르고 저렴하게 건설 기초 단계의 측량을 해낼 수 있다. 공사 진척도 또한 드론으로 파악하는 것이 훨씬 효과적이다. 인적 오류의 여지를 없앨 뿐만 아니라, 비용이 저렴하여 자주 또는 수시로 공사 진척도를 파악할 수 있다.

이는 건설 공정 현황을 파악하는 데 큰 도움이 된다. 그뿐만 아니라 건설 현장에 널브러진 자재의 재고 상황도 드론으로 쉽게 파악할 수 있다.

아직은 드론이 건설 현장의 외부 상황을 파악하는 데 주로 활용되고 있다. 하지만 조만간 실내에서 동작이 가능한 드론이 범용화되면, 공사 진척도나 재고를 파악하는 수준을 넘어, 건설물 내부의 품질 파악까지 드론을 활용할 수 있다. 그리고 드론으로 수집한 현장 데이터를 활용하여 3차원 시뮬레이션을 하면 마치 건설 현장을 직접 보듯이 건설 관제센터의 컴퓨터 화면에서 건설 현장을 관찰할 수 있다. 스마트팩토리의 디지털 트윈과 같은 개념이다.

협력사를 위한 클라우드 구조

건설 현장에 스마트 건설을 적용하려고 할 때, 공사 전체를 주관하는 대형 건설사의 입장에서는 IT가 큰 부담이 되지 않는다. 하지만 하청 협력사 중에서는 이런 IT 요구를 감당할 수 없는 협력사가 많다. 이들에게는 스마트 건설이 도리어 걸림돌이 될 수 있다. 하지만 IT 기술 발전으로 여기에도 쉬운 해결책이 있다. 바로 클라우드의 활용이다.

스마트 건설에 필요한 제반 소프트웨어들이 준비되어 있다면, 주관 건설사가 이를 클라우드에 올리면 된다. 이때 클라우드는 회사 내부의 사설 클라우드Private Cloud여도 되고, 외부 공공 클라우드Public Cloud여도 된다. 협력사에 필요한 것은 건설 기간 동안 이 클라우드에 접속할 수 있는 권리와 네트워크를 통한 접속이다. 둘 다 용이하게 해결할 수 있다.

협력사는 간단한 노트북이나 패드만 있으면 언제 어디서나 주관 건설사의 클라우드에 접속하여 스마트 건설에 필요한 모든 소프트웨어를 사용할 수 있다. 아주 소규모 협력사에는 이런 노트북이나 패드도 주관 건설사가 건설 기간 동안 임대해줄 수 있다. 따라서 클라우드를 활용하고, 스마트 건설에 필요한 소프트웨어 솔루션을 그 위에 얹어두어, 협력사가 활용하게 한다면, IT 구축 비용과 관계없이 모든 협력사와 함께 스마트 건설을 진행해나갈 수 있다.

다양한 Smart X 사례

이 외에도 수많은 Smart X가 있다. 빌딩 운영에 적용하여 빌딩 운용 비용을 줄이고 효율성을 높이는 스마트 빌딩Smart Building, 도시 운영에 적용하여 교통, 상하수도, 대기오염 등을 관장하여 주거환경을 최적화하는 스마트 시티, 에너지 생산 전달 소비를 효율화하는 스마트 에너지 등 다양하다.

스마트 에너지를 살펴보면, 빌딩 또는 공장 내부 곳곳에 IoT 센서를 설치하여 에너지가 낭비 없이 필요한 곳에만 쓰이게 하는 BEMSBuilding Energy Management System와 FEMSFactory Energy

Management System, 각 제품 생산에 실제 에너지 비용을 할당하여 에너지 효율화를 이루는 ECAEnergy Cost Allocation, 자체적으로 에너지를 생산하여 소비하는 경우 에너지 수요와 생산을 실시간으로 맞추어 낭비되는 에너지를 최소화하는 REBReal-time Energy Balancing, 발전 회사의 경우에는 전력 생산 터빈의 동작을 효율화하는 ITOIntelligent Turbine Operation 등 수많은 적용이 있다.

이처럼 디지털 전환은 여러 산업 분야에 적용하여 적은 비용으로 큰 성과를 얻어낼 수 있다. 앞의 여러 사례에서 보듯이, 첨단 IT 기술 활용의 어려움과 높은 비용이 제약되던 시대는 이미 지나갔다. 만약 Smart X에 대한 제약 사항이 있다면 그것은 경영자의 이해 부족, 도메인과 IT의 협력 부족, 또는 상상력 부족뿐이다.

맺음말

스마트팩토리 시대를 내다보며

스마트팩토리와 디지털 전환은 그동안 첨단 IT 용어로 포장되고 현학적으로 표현되어 어렵게 인식되어왔다. 하지만 이것은 이 책에서 설명한 것처럼 결코 어려운 개념이 아니다. 이것의 요체가 되는 두 가지 개념만 제대로 이해하면 된다.

- 데이터를 활용하여 경영을 한 차원 개선하겠다는 Data-driven 개념
- IoT, 빅데이터, AI 등의 첨단 IT 기술을 활용하여 기업에서 일어나는 제반 문제와 상황을 면밀히 살피고 분석하여, 이를 원하는 방향으로 제어해나가겠다는 스마트한 관찰 능력과 제어 능력(Smart Observability & Controllability, SO&C) 개념

이 개념만 이해하면 현장의 어떤 경영자이건 어렵지 않게, 점진적으로 스마트팩토리와 디지털 전환을 시작할 수 있다.

중요한 것은 스마트팩토리와 디지털 전환을 경쟁자보다 앞서 시작해야 한다는 점이다. 이것은 시작한 기업과 그러지 못한 기업 사이에서 생겨나는 격차인 디지털 전환에 따른 격차Digital Transformation Divide는 시간이 지남에 따라 점점 더 크게 벌어진다. 그래서 경쟁사보다 조금 늦은 시작은 그보다 훨씬 심한 기업 경쟁력 상실을 초래한다.

경영자를 위한 요약

책의 내용을 요약하는 의미에서, 경영자가 스마트팩토리를 진행하면서 염두에 두어야 할 중요 사항을 간추려 정리한다.

1. 스마트팩토리 또는 디지털 전환을 잘한다는 것은 IoT, 빅데이터, AI 같은 첨단 IT 기술에 더 많이 매몰되는 게 아니다. 첨단 IT 기술의 사용 그 자체가 목적이 아니라, 첨단 IT 기술 사용을 통한 가치 창출이 목적이다. 따라서 경영자의 역할은 IT 기술 하나하나를 구체적으로 아는 것이 아니라, 그 기술이 하는 역할이 무엇이고, 그것을 어디에 적용하여 무엇을 할 수 있는지, 어떤 가치를 창출한 것인지에 집중하는 것이다.•

2. 지금까지의 스마트팩토리와 디지털 전환은 대부분 IT 관점에서 논의되어왔다. 하지만 가치 창출이 그 목적이라면, 이는 첨단 IT 기술만으로는 되지 않는다. 도메인과 IT의 융합이 필수이다. 따라서 처음 시작부터 도메인 전문가와 IT 전문가가 함께 참여하여야 한다. 그렇지 않으면 그냥 첨단 IT만으로 겉도는 낭비뿐인 허상이 되고 만다.

3. 스마트팩토리와 디지털 전환을 도입할 때는 Think Big Act Small 한다. 먼저 원하는 전체 모습을 상정하고, 이를 어떻게 단계적으로 구현해나갈지 구상하고, 전체 IT 구조까지 비록 개념적일지라도 구체적으로 준비한다. 이런 초기 구상 작업에는 큰 비용이 들지 않는다. 이것은 계획이지 실행이 아니기 때문이다. 하지만 구상 작업이 잘 되어 있을수록 나중의 실행 작업이 훨씬 효과적이고 비용도 낭비되지 않는다.

4. 처음부터 전체 구상을 한꺼번에 완성하겠다고 달려들지 않는다. 우선 크지 않고, 성과를 내기 쉽고, 다른 구성원에게 좋은 예가 될 수 있고, 투자수익률ROI이 좋은 Small Quick Win 과제 몇 개를 실행하여 성과를 얻는다. 그 다음 스마트팩토리 전체 구상에 맞추어 그런 성공 사례를 Evolutionary Add-on

---

- 마이클 웨이드(Michael Wade), 제임스 매콜리(James Macaulay), 앤디 노로냐(Andy Noronha), 조엘 바르비에(Joel Barbier)의 공저 『혁신 조정(Orchestrating Transformation)』이 이런 가치 창출 방안에 대한 좋은 참고 도서이다.

전략으로 확산시켜나간다.

5. 가능하면 표준화된 IT 구조를 사용한다. 빅데이터와 AI 같은 첨단 IT 기술을 자체 개발하려고 서둘지 않는다. 초기에는 성과가 검증된 솔루션들을 외부 클라우드 서비스를 통하여 사용하는 것을 꺼리지 않는다. 플랫폼도 IT 전문 기업이 아니라면 자체 개발하려 들지 않는다. 해당 현장에 적합한 경량 플랫폼이면서도, 앞으로 기술 발전에 따른 진화가 용이하고, 같은 산업군에서 성능이 증명된 것을 선택하여 활용한다.

6. 스마트팩토리를 CPS Cyber Physical System 관점에서 접근하는 전문가는 가상공장 Virtual Factory을 강조하나, 스마트팩토리 초기에 이를 구현하려 드는 것은 기술적·재무적으로 매우 어렵다. 스마트팩토리 진행 중에 생성되는 디지털 트윈들을 모아서 점차 가상공장이 구현되게 한다.

7. 빅데이터나 AI 기술만큼이나 UI/UX 기술이 중요하다. 스마트팩토리는 직관적이고 쉬운 UI/UX를 현장 기술자들에게 제공해야 한다. 그렇지 못하면 현장과는 괴리된 스마트팩토리가 된다. 그리고 스마트팩토리를 도입하면서 생겨나는 보안 Security 문제도 결코 간과해서는 안 될 중요한 사항이다.

8. 스마트팩토리와 디지털 전환의 개념을 이해하고 이에 성

공을 거두었다면, 이 개념을 기업 경영 전반의 다른 분야에도 적용하여 Smart X로 확산시켜, 기업의 제반 경영에도 디지털 전환 효과를 가져오게 한다.

9. 실행에서는 경영자의 의지와 관심이 중요하다. 스마트팩토리와 디지털 전환도 결국 사람이 하는 일이며 그 성공이 단숨에 얻어지는 것이 아니다. 이를 향하여 조직 전체를 움직여 나가겠다는 경영자의 의지, Task Force의 구성, 지속적인 관심 표명, 그리고 재원의 할당이 필수적이다.

10. 작은 Task Force를 만들어 충분히 사전 교육을 하고 충분한 권한을 위임한다. Task Force에는 반드시 도메인과 IT 전문가가 함께 포함되어야 한다. 그리고 그들이 점차 발전하여 스마트팩토리와 디지털 전환에 대한 내부 전문가가 되도록 양성한다. 외부 전문가의 도움만으로는 성공적인 스마트팩토리와 디지털 전환의 구현은 어렵다.

11. 스마트팩토리를 시작하면서 같이 접하게 되는 기술로 3D 프린터, 드론, 로봇 등이 있다. 이들은 앞으로 스마트팩토리와 연계되어 큰 효과를 낼 수 있는 기술이다. 하지만 이들이 스마트팩토리와 디지털 전환의 개념 형성과 구현을 위해서 필수 불가결한 사항은 아니다. 스마트팩토리를 진행하면서 소요가 생길 때, 그때 이들을 도입하여 활용하면 된다.

스마트팩토리를 진행하면서 얻은 경험

포스코 그룹에서 지난 5년간 스마트팩토리와 디지털 전환을 시작하고 진행하면서 얻은 경험을 이 책 곳곳에 기술하였다. 스마트팩토리와 디지털 전환은 어떤 부분은 예상대로 진행되었지만, 예상과는 다르게 진행된 부분도 많았다. 예상을 뛰어넘었던 사례 중 의미 있는 몇 가지를 살펴본다.

1. Small Quick Win 과제를 제대로 선정하기만 하면, 그들 과제는 기대치보다 훨씬 높은 성과를 보였다. 투자수익률ROI이 평균 200%를 웃돌았다.

2. 젊은 엔지니어들의 자발적 참여가 기대 이상으로 높았다. 그들은 스마트팩토리와 디지털 전환을 개인의 기술 경쟁력을 높이는 사항으로 생각하고, 처음부터 적극적으로 참여하고, 좋은 제안을 서슴지 않았다.

3. 중간 간부들은 처음에는 대부분 부정적·관조적 자세에서 스마트팩토리와 디지털 전환을 바라보았다. 자기 영역이 침범당한다는 우려도 보였고, 현장 기술자들의 경우 IT 기술을 많이 수용해야 한다는 데 부담을 느꼈다. 하지만 젊은 엔지니어들의 자발적 참여가 늘면서 중간 간부들의 타율적 참여도가 늘었다. 그리고 이들의 참여는 점차 자발적으로 변해 갔다.

그림 6-1 포스코 그룹에서 스마트팩토리가 진행된 과정

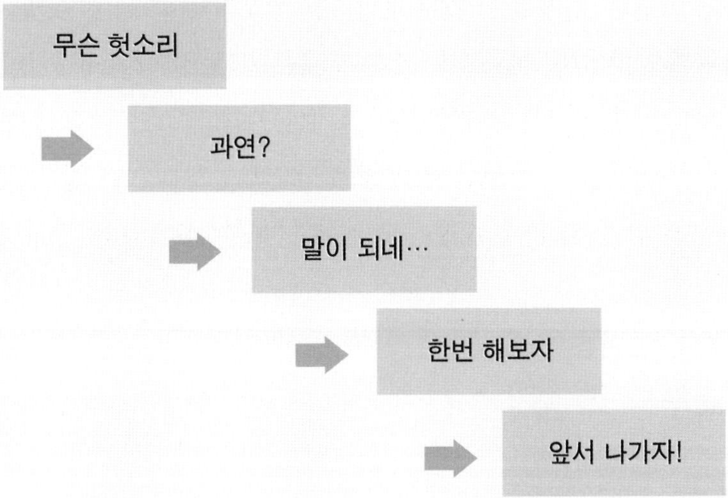

4. 무엇보다도 스마트팩토리와 디지털 전환의 기본 개념에 대한 교육이 중요하였다. 그 교육을 열성적으로 받고 수용한 사람들이 보인 성과는 그렇지 못한 사람들이 보인 성과에 대비하여 큰 차이를 보였다.

포스코 그룹이 스마트팩토리와 디지털 전환을 시작하고 진행한 과정은 그림 6-1과 같이 요약해서 표현할 수 있다.

처음에 스마트팩토리를 소개했을 때는 "무슨 헛소리"라며 당연히 수용도가 낮았으나, 스마트팩토리의 중요성을 설명하고 교육을 하고 여기에 경영자의 의지가 더해지면서 "과연?"이라며 구성원들이 관심을 보이기 시작하였다. 몇 가지 Small Quick Win 과제가 성과를 보이면서 "말이 되네…"라는 단계를 거쳐, "한번 해보자"라며 의지를 보이기 시작하였다. 그 성과를 확인한 이제는 경쟁사보다 "앞서나가자!"라는 단계까지 올라서게 되었다.•

이처럼 현장에서의 스마트팩토리와 디지털 전환이란 점진적이고 단계적인 과정이지, 결코 Big Bang 방식으로 한 번에 이루어지지는 않는다.

새로운 차원의 CIO인 CDO

이 책에서 스마트팩토리와 디지털 전환의 성공을 위해서는 도메인과 IT의 융합과 그들 전문가의 협력이 필요조건인 것을 여러 번 강조하였다. 하지만 이것으로 충분조건은 아니다. IT 전문가들은 구체적이지 못한 큰 그림을 그리는 것에 매달리는 경향이 있는가 하면, 도메인 전문가들은 큰 그림을 보지 않고 자기 전문 영역의 작은 구체적 사항에 매달리는 경향이 있다.

이 둘의 균형을 제대로 가져가야 스마트팩토리와 디지털 전환에서 효과적인 성공을 거둘 수 있다. 도메인이 보는 나무와 IT가 보는 숲을 하나로 묶어 나무와 숲 전체를 제대로 바라보고 하나로 관장해야 한다. 이런 역할은 지금까지의 기업에서

• 포스코의 스마트팩토리는 2019년 다보스 포럼(World Economic Forum 2019)에서 국내 최초로 스마트팩토리의 세계 등대공장(Lighthouse Factory)으로 선정되었다.

그림 6-2 새로운 차원의 CIO인 CDO의 역할: 5I's

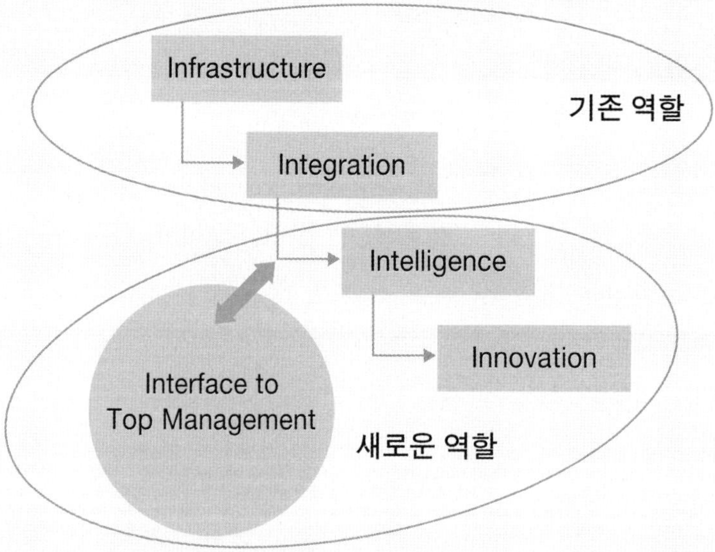

는 필요가 없었다. 그런데 스마트팩토리와 디지털 전환이 대두됨에 따라 기업에서 새롭게 필요해지는 중요한 역할이다.

그림 6-2에서 보듯, 이 역할은 기존의 CIO Chief Information Officer 역할과는 큰 차이가 있다. 기존 CIO의 역할은 기업의 IT 인프라 Infrastructure 를 책임지고 이를 통합 Integration 하여 기업에 필요한 IT 서비스를 제공하는 역할이었다. 하지만 스마트팩토리와 디지털 전환이 대두되면서, IT뿐만 아니라 도메인까지 이해하고 이것에 첨단 IT 기술을 융합해야 하는 역할이 필요해졌다. 기업에 지적 능력 Intelligence 을 더하고, 디지털 전환을 통하여 기업을 혁신 Innovation 하는 역할까지가 새롭게 요구된다. 이런 새로

운 역할을 하는 최고 경영자를 CDOChief Digitalization Officer라 부른다. CDO는 앞으로 4차산업혁명 시대의 기업 경영에 중요한 역할을 하게 된다.

CDO는 스마트팩토리와 디지털 전환이라는 개념을 어려워하고 낯설어하는 기업 구성원과 경영진을 교육하고 설득하는 인터페이스Interface 역할 또한 해야 한다. 그리고 회사 디지털 전환의 비전을 만들고, 이를 위한 활동 계획을 수립하고, 필요한 예산 할당까지 참여할 필요가 있다.

하지만 이 모든 것보다 중요한 게 CEO의 의지와 지속적인 관심이다. CEO는 스마트팩토리와 디지털 전환을 이해하고, 이것의 중요성을 인식하고, 이를 통하여 회사를 한 차원 도약시키겠다는 의지를 회사 구성원에게 표명하여, 그들 모두를 움직여나가야 한다. 그런 다음 CDO와 Task Force에게 충분한 권한을 위임하고, 지속적인 관심을 보이며, 재원을 할당해야 한다. 이것을 제대로 한다면 그 성공은 결코 어렵지 않다.

더 앞을 내다보면

영국 경제 전문지 ≪이코노미스트The Economist≫는 디지털 전환에 관한 기사*에서 4차산업혁명으로 다가올 미래를 다음과 같이 전망하였다.

“

앞으로는 무엇을 만드느냐보다 무엇을 아느냐가 더 중요해진다. 성공하는 기업이란 최고의 제품을 만드는 기업이 아니라, 최고의 데이터를 모으고 결합하여 최고의 디지털 서비스를 제공하는 기업이다.

그리고 그들 중 최대 승자는 바로 플랫폼을 관장하는 기업이다. 플랫폼이란 다양한 종류의 디바이스, 데이터, 서비스를 묶어서 그 위에서 다른 기업들이 그들의 서비스를 제공하게 만들어 주는 소프트웨어 계층을 말한다.

(Making things matters less and knowing things matters more. The successful companies will no longer be the ones that make the best products, but the ones that gather the best data and combine them to offer the best digital services.

And the biggest winners of all may be those that control a “platform”, a layer of software that combines different kinds of devices, data and services, on top of which other firms can build their own offerings.)

”

- “Does Deutschland do digital?” *The Economist* (Nov. 21, 2015)

≪이코노미스트≫는 앞으로는 제조 그 자체보다는 관련된 데이터와 지식을 결합하여 고객에게 새로운 가치를 부여하는 디지털 서비스의 제공이 더 중요해진다고 말한다. 그리고 이를 위해서는 플랫폼을 선점해야 한다고 역설한다. 새겨들어야 할 내용이고 항상 염두에 두고 있어야 할 방향이다.

처음부터 바로 이 미래 단계로 건너뛰려 하지 않아도 된다. 이 책에서 설명하고 주창하는 스마트팩토리와 디지털 전환 단계에서 먼저 앞서나가고 경쟁력을 갖추면, 우리는 다가올 플랫폼 시대를 휘어잡을 기회와 능력을 갖출 수 있다.

플랫폼에서의 성공이 비록 어려운 것이지만, 포스코의 스마트팩토리 플랫폼인 PosFrame의 성공에서 보았듯이 이것은 우리가 결코 못 해낼 영역이 아니다. 어쩌면 도메인과 IT 능력을 모두 갖추고 있고, 다양한 산업도 가지고 있는 우리나라가 더 잘 해낼 수도 있는 영역이다. 이를 위하여 우리는 이 책에서 제안한 정부, 대기업, 중소·중견기업 사이의 스마트팩토리와 디지털 전환을 위한 삼각 시너지를 만들어나가야 한다. 그러면 우리도 충분히 이 미래 단계에서 앞설 수 있다.

지은이 **최두환**

한국의 대표적 전문경영인. 한국 4차산업혁명의 선구자적 존재.

포스코ICT 사장, KT 사장 역임. 한국공학한림원 정회원. 서울대학교 전자공학과를 거쳐 텍사스주립대 오스틴캠퍼스(UT-Austin)에서 박사 학위를 받았다. 이후 벨 연구소(Bell Labs) 등 다양한 기관에서 ICT 첨단 기술을 연구·개발하였고, 이를 산업 현장에 선도적으로 적용해 신기술의 사업화를 성공적으로 이끌어왔다.

벤처기업 네오웨이브를 창업하고 새로운 광통신 기술을 개발하여 사업으로 성공시켜 코스닥 상장을 시키는 등, 스타트업 경영에 뛰어난 역량을 보였다. KT 사장으로 재직하면서 통신·미디어·인터넷·콘텐츠 분야를 아우르는 차세대 ICT 융합 서비스 영역을 태동시켰다.

포스코ICT 대표이사 시절에는 스마트기술을 다양한 산업 현장에 접목하는 'Smart X' 사업을 개척해 ICT 융합의 새로운 지평을 열었다. 또한 포스코 그룹 전체의 4차산업혁명을 선도하여 철강, 건설, 에너지 등 다양한 산업 현장의 디지털 전환을 이끌어, 기존사업의 경쟁력을 강화하고 미래 성장사업을 발굴하였다.

이러한 공로를 인정받아 전자공학 분야 최고 영예인 '대한전자공학대상'을 2019년 수상하였으며, 정보통신 분야 최고 영예인 '정보통신대상'을 2016년 수상했다. 또한 뛰어난 연구·개발 능력으로 벨 연구소(Bell Labs)의 Distinguished Member Award를 1989년 수상하기도 하였다.

주요 일간지에 비즈니스 칼럼을 연재하는 등, 기술의 사회적 경제적 영향을 대중에게 알리는 일에도 열심이다. 저서로는 『21세기 신기술 시나리오』(공저)가 있으며 번역서로는 『미첼 레스닉의 평생유치원』이 있다.

스마트팩토리로 경영하라

초판 1쇄 발행　2019년 11월 13일
초판 8쇄 발행　2022년 9월 30일

지은이　최두환
펴낸이　반기훈
편집　반기훈, 서동빈

펴낸곳　㈜허클베리미디어
출판등록　2018년 8월 1일 제 2018-000232호
주소　06300 서울특별시 강남구 남부순환로378길 36 401호
전화　02-704-0801
홈페이지　www.huckleberrybooks.co.kr
이메일　hbrrmedia@gmail.com

ISBN 979-11-965629-4-6 03320

Printed in Korea.

※ 허클베리북스는 (주)허클베리미디어의 출판 브랜드입니다.

※ 책값은 겉표지에 표시되어 있습니다.

※ 이 시리즈는 산업통상자원부의 지원을 받아 NAEK 한국공학한림원과 허클베리북스가 발간합니다.